独学で学びたい
読者のための
35冊

みきまるファンド 著

書籍版

みきまるの株式投資本 オールタイムベスト

ALL TIME BEST

Pan Rolling

目次

第1章　バリュー投資のための9冊

第2章　モメンタム投資のための11冊

第3章　インデックス投資のための2冊

第4章　「マーケットの魔術師」シリーズ

第5章 特選！ おすすめの6冊

〔編集部注〕♛は各章の一押しタイトルです

まえがき ―― 名著たちとの印象的な出合い

投資家になってまだ〝ピヨピヨのひよこ〟だった2001年のある日、私は街で一番大きな本屋さんの株式投資書籍のコーナーで、一冊の硬派なタイトルの本を手に取りました。名前は『生き残りのディーリング 決定版』（矢口新著、パンローリング・2001年）。数十ページを立ち読みし、「難しそうだけど、良いこと書かれてそうだな」と直感して買いました。

ただ、家に帰り張り切って読んでみたところ、投資の専門用語が多過ぎてあまり理解できませんでした。簡単に儲かる凄いテクニックが書いてあると期待して買ったのに、読んで理解できる部分には「損切りしろ、損切りしろ、損切りしろ」とばかり書いてあってつまらない。「ちぇっ、なんなんこの本、全然役に立たないや」と、〝3軍〟の本棚に放り込んでそのまま忘却の彼方へ追いやってしまったのです。

そもそも私はギャンブル好きの父親の座右の銘でもあった〝一獲千金〟を夢見て、鼻の穴をパンパンに膨らませて投資の世界に入ったばかりでした。投資というのは、手っ取り早くお金が儲かるものだと思っていましたし、また年齢的に若く根拠もなく自信満々だったので〝自分が大損をする可能性もある、リスクの高い世界〟であることにまったく思いが至っていなかったのです。

他にも数冊の本を読んで〝投資のことがほとんどすべて分かった気〟になっていた私は、「よっしゃ、いけるやろう」と、何のためらいもなく株式投資に持っている全財産を突っ込んで灼熱のバトルを始めていました。当時は人気の投資信託である「さわかみファンド」のコバンザメ投資家で、ファンドの創始者である澤上篤人氏（通称・さわかみのおやびん）が買った銘柄の中で、おやびんの買値から大きく下落しているものを探して、それを狙い撃ちしてハイエナ買いするという作戦を取っていました。「おやびんはプロの中のプロなんだから、下落率が大きい株はそれだけ割安であるに違いない」という実にシンプルな理論を持って戦っていたのです（笑）。

この〝ハイエナ戦法〟は、経験も知識も未熟で死亡率の高いひよこ投資家にとっては、当初は大正解でした。なぜなら歴戦のプロであるさわかみのおやびんが選び抜いた銘柄群で最初期のポートフォリオ（ＰＦ）を組めたおかげで、致命的な痛手を受けることなく危険な最初の数年間を生き延びることができたからです。

その一方でおやびん銘柄の中には、買ったあともまったく下げ止まらず大きな損失になるものも徐々に出てきました。今から考えると自明のことですが、私はハイエナ戦法を取ることによって、一部の〝おやびんの眼力を持ってしてもどうしようもない、ダメダメな負け組〟をも同時に両手でむんずと掴んでもいたのです。

ただ〝投資では負ける場合もある〟ことがまったくちーとも分かっていなかったので、「おかしい、安心のおやびん銘柄なのにどうしてこんなことになったんだろう?」と動揺するばかりでした。おやびん銘柄で利益が出た場合には満面の笑みで迅速に売却し、逆に損失が出た場合には凍り付いて引きつった顔面でそのまま塩漬けという〝典型的なダメ投資家〟一直線で、損失は膨らむ一方&PFは真っ赤っかで、私は次第にネット証券の自分の口座にログインすることが苦痛になってくるくらいでした。

「これはヤバいな。自分は何かがきっと間違ってるんだ」と気付いた私は、悩み抜いた末に「そういえば、前に押し入れに放り込んだ本に何かいいこと書いてあったな」と思い出しました。

そして再び手にしたのが、冒頭の『生き残りのディーリング』だったのです。株式市場で数年の経験と多くの手痛い敗北を喫した後で再読した本書の内容は、今度は私の心に深く染み渡りました。市場で生き残るには、間違った場合には損切りが必須であること、常に正しい投資家など存在しないことを改めて認識できたために、自分はこの20年を生き延びてこられたのでした。

つまり、私が〝世界最弱〟の日本市場でここまで生き永らえて来られた直接の原動力は『生き残りのディーリング』にあったのです。市場で負ける度に、不安に押しつぶされてもう投資を辞めようと思う度に、心がポキッと折れてもう駄目だと思う度に、何度も読み返した私をマーケットに踏み止まらせてくれたのが本書でした。もしも読んでいなければここで楽しく「まえがき」を書いていることは決してなかったでしょう。この名著との出合いが、私の人生を変えたのです。

2005年には、『マネーの公理』（マックス・ギュンター著、日経BP社）との出合いがありました。スイス人投資家であるギュンターの、「いつも意味のある勝負に出ること。システムを打ち負かす唯一の方法は、勝負に出ることだ。傷つくことを恐れてはいけない。心配になるような金額を賭けるのだ」という熱い言葉で心に電撃が走り、集中投資の必要性を知りました。

そしてその後は「これは！」という銘柄を見つけた時には常に大きな資金を入れて勇気を持って戦ってきました。その結果として、私はここまで概ね市場平均を上回る成績を残し続けることができました。『マネーの公理』を読んでいたからこそ、ここまで勝ち残ることができたのです。

さてこの本は、私がこれまでに読み倒してきた数百冊の投資本の〝ベストオブベスト〟を抽出したものです。選択基準は「実際の投資にすぐに明日から役立つか？」ただそれだけです。これ以上ないくらいに〝超実践的な布陣〟としており、内容には絶対の自信をもっています。是非お楽しみください。

第1章

バリュー投資のための9冊

♛バリュー投資アイデアマニュアル

ジョン・ミハルジェビック［著］、井田京子［訳］、パンローリング・2014年

100人を超える世界の名だたる投資家にインタビューを行ってきたバリュー投資の専門家である著者が、その貴重な知見をまとめ、世界のスーパースターたちのさまざまな投資法を体系的にまとめ上げた極上の一冊です。率直に言って、「バリュー投資家」を名乗る方は決してこの本を未読であってはならないだろうと思いますし、我々バリュー投資家にとっての最高峰の名著であり、同時に〝奇跡の一冊〟でもありますね。

1．総論

この本が発売されたのは2014年と比較的最近のことです。あまりの面白さに5時間ほどかけて夢中で一気に読み終えた後にすぐに思ったのは、「この本はヤバイな。我々バリュー投資家にとって自らの優位性（エッジ）の源泉となっている、できれば秘密にしておきたい、知

られたくない不都合な真実が系統化され、同時にあまりにも分かりやすく明け透けに解説されている」ということでした。私がここ数年で新しく読んだ中ではトップ5に入る出色の出来ばえです。

辛口で知られる監修者の長尾慎太郎氏が「本書の読者から多くの成功者が生まれる公算は非常に高い」と激賞しているのは誇張でも何でもないと思いますし、この本の定価の2800円というのはちょっとアンダーバリューで安すぎるのではないか？　と感じます。版元のパンローリング社には元々〝本の値段付けがエクストリームにおかしい〟傾向（笑）が強くあるのですが、今回はそれが逆に良いほうに働いています。できれば今すぐに7800円くらいには値上げしていただいて、この素晴らしい本を我々〝ジャンキー系のバリュー投資家〟だけで独占したいという誘惑に駆られるくらいですね（笑）。

この本が凄いのは、読むと自分がどのようなバリュー投資手法が好きなのか、そしてどのような手法に適性があるのかということがはっきりと分かることです。ある意味では〝バリュー投資家にとっての鏡〟のような本なんですね。

それがどういうことなのか、まずは目次を御覧いただきましょう。

第1章　極めて個人的な取り組み――何を保有したいのか

第2章　グレアム流ディープバリュー（割安株）投資――優雅ではないが利益は上がる「しけモク投資」戦略

第3章　サム・オブ・ザ・パーツの価値――追加的な資産や隠れ資産がある会社への投資
第4章　グリーンブラットの安くて良い株を見つける魔法の公式
第5章　ジョッキー株――素晴らしい経営陣とともに利益を上げる
第6章　リーダーに続け――スーパー投資家のポートフォリオからチャンスを見つける
第7章　小型株は大きなリターンにつながるか――あまり注目されていない小型株と超小型株で儲ける
第8章　スペシャルシチュエーション戦略――イベントドリブン型の投資チャンスを探す
第9章　スタブ株――レバレッジが高い会社への投資（または投機）
第10章　国際的なバリュー投資――自国以外で価値を探す
第1、2、6、7章が特に素晴らしいと思います。
そして各章は以下のようにシステマティックに構成されています。
・その方法はなぜうまくいくのか
・その方法の利用と誤用
・対象となる株のスクリーニング
・スクリーニングのあとに
・正しい質問をする
・本章のまとめ

さらにそれぞれの章が独立しているため、目次を見て興味を持ったところから効率よく読み進められるので、常に勉強で忙しい我々バリュー株投資家にとってはまさにぴったりの一冊となっています。

それでは私が最も感銘を受けた、ベストオブベストの章をいくつか見ていきましょう。

2. グレアム流ディープバリュー投資

グレアム流のディープバリュー投資を解説した第2章は、非常にクオリティが高いと思います。発表されてから80年近くが経過しているにも関わらず、期間や場所に関係なくさまざまなマーケットでこのグレアムのディープバリュー投資は未だに有効であり続けているわけですが、この章ではなぜそれが有効であり続けているのか、そして具体的にはどのような投資家に向いた手法であるのか、が豊富なエビデンスと共に示されています。

さてここからは私の個人的な考えなのですが、グレアムのディープバリュー投資というのは分かりやすく言うと〝超割安な2流3流銘柄への投資〟です。鉄の意志で長期間バイ&ホールドできればマーケットを上回る成績を出せる可能性が極めて高いわけですが、地味でシケシケで見た目の悪い銘柄が多いので、大多数の投資家は〝頭では分かっていてもどうしても実践しきれない〟わけです。超キモいルックスだけど、精神性や知性などの中身は最高で長く付き合えば凄く良い男は実際にはなかなかモテないということなんですね（汗）。

そして私自身はこのグレアムのディープバリュー投資が根源的に持つ欠点を緩和するため、グレアム的な銘柄を買う場合には必ず一定以上の「力のある優待」が付いている銘柄に限定するようにしています。株価が動かない面白くない時間を少しでも快適に楽しくご機嫌に過ごすための工夫ですね。

具体的には、7485岡谷鋼機、7932ニッピ、2221岩塚製菓あたりのいわゆる優待ディープバリュー株が該当します。この辺りの銘柄は保有していて本当に退屈ですが、同時に安全域が深くて広いのでポートフォリオの安定性の維持のためには欠かせない銘柄群でもあるんですね。

それにしてもグレアムは本当に真の天才だったんだなと今、改めて、しみじみと思います。

3．パクリュー投資のススメ

「第6章　リーダーに続け――スーパー投資家のポートフォリオからチャンスを見つける」は素晴らしい内容です。

分かりやすく一言で言うと「パクリ＋バリュー≒パクリュー投資」のススメ、ですね（笑）。全国〝19万8000人〟のイナゴ投資家の方々には、この一章だけで楽に本の定価以上の価値が間違いなくあるだろうと思います。えっ、読むのがめんどくさいって？　仕方がありません。それでは私が具体的にその大トロの部分を解説しましょう。以下、本文よりの引用です。

「最高の投資家には、共通した特性がある。明快な思考、明瞭な話し方、投資の過程で見せる情熱、成功したことについての驚くほど謙虚な姿勢などである。バフェットやパブライやスピアのようなスーパー投資家は、損失が出ればだれよりも先にそれを認め、同じ間違いをしないよう自分のフォロワーに警告する。投資の世界では、自社開発主義症候群ではやっていけない。結局、投資のアイデアに著作権はないし、ほかの投資家のまねをしても使用料を払う必要はない。時には、人生で最も大切なものがタダで手に入ることがある。投資にも同じことが言える。

スーパー投資家が買ったことが公表されたあとに株価が大きく上がったり、上がり続けたりすることはほとんどないという事実が観察されている。最も印象的な例は、バークシャー・ハサウェイの買いが公表されるときである。投資が公表された翌月の初めに同じ株を買うという架空のポートフォリオは、S&P500を10・75%上回るという並外れたリターンを上げているのに、マーケットはバークシャー・ハサウェイの株式投資のニュースにあまり反応しない。バフェットの銘柄を見る限り、スーパー投資家のまねをすることで得られるアルファ値は、いまだ裁定され尽くされていない」（引用終わり）

そして著者のミハルジェビックは正しいパクリ方について、まねしたアイデアでも自分の通常の評価基準を満たすものだけを厳選してポートフォリオに加えるのが正しい戦略であると述べています。私もこの考え方に1ミリも反論はないですね。

次にここからは個人的な考えなのですが、このパクリュー投資が有効であり続けているのには〝人間社会の本質〟が関係していると思っています。

私達の実社会では〝盗作というのは倫理的に重罪〟とされています。そしてこの価値観を無意識のうちに株式投資の世界にも持ち込んでいるため〝正確に迅速にパクる〟ことには「見えない心理的ハードル」があり、それによって多くの投資家はパクリュー投資に根深い罪悪感を感じて実行しきれないでいるのです。そしてだからこそこの投資法は永続的な優位性を維持し続けているんですね。

4. 小型株効果が利益の源泉

第7章の「小型株は大きなリターンにつながるか——あまり注目されていない小型株と超小型株で儲ける」は最高です。それは、自分自身がこの19年間を市場で生き抜いてこられたのがまさにこの「小型株効果」によってだからであり、その小型株投資の真髄が全てここに簡潔に端的に書かれているからです。真剣に秘密にしておきたい、ちょっとヤバいレベルの完成度ですね。この章だけでおそらく楽に1万円の価値はあるだろうと思います。

そして著者のミハルジェビックは、なぜ小型株投資がうまく行くのか？　について、次のように述べています。以下改変も含めて引用します。

「小型株の場合、その本質的な価値の分析が競合しないため、株価が非効率的になっている可能性が相対的に高い。そのため知識がある投資家によっては割安株を見つけやすい。そして、いくつかのカギとなる出来事が、小型株投資家にとってはチャンスになった。機関投資家が増えたことで、投資信託や年金基金やヘッジファンドのポートフォリオの規模が拡大した。このことによって、伝統的なファンドは投資対象の企業について時価総額の下限を設定せざるを得なくなった。最後に、時価総額が1億ドル未満の株はほとんどのマーケット指標から除外されているため、多くのプロの投資家にとって小型株のパフォーマンスはベンチマークにならない。そうなると、彼らにとって超小型株の相対的なパフォーマンスに注目する動機がほとんどない」

（引用終わり）

ふー、素晴らしいですね。特に、常にＴＯＰＩＸなどのベンチマークとの比較に追われて怯え続けている機関投資家にとって、超小型株の相対的なパフォーマンスに注目する動機がほとんどないことが、この分野が長年にわたって〝秘密の花園〟であり続けていることの源泉となっているのだろうと思います。

またミハルジェビックは、小型株の長期パフォーマンスが大型株を統計的優位性を持って上回っていることを豊富で説得力のあるデータと共に解説してくれています。一つだけ具体例を出すと、ＵＢＳファイナンシャル・サービスのデータでは、小型株の長期パフォーマンスは大型株を年間約５％！　も上回っています。

さてここでそろそろ私自身の話に戻ると、投資方針が定まっていなかった最初期を除けばほとんどの場合は、小型の優待バリュー株に特化して戦い続けてきました。そしてこのやり方にミハルジェビックが指摘する通りの圧倒的な統計的な優位性があったからこそ、こんなにもへっぽこの投資家なのに概ね対ＴＯＰＩＸで良好な成績を収め続けてこられたのだろうと感じています。

そしてこの原稿を書いている２０１９年５月現在での最新のポートフォリオを眺めても、３０２０アプライド、３２７７サンセイランディック、５９２３高田機工、６１８６一蔵、７４７５アルビス、７５２０エコス、７７０５ＧＬサイエンス、９０２７ロジネットジャパンなどの時価総額の小さい超小型－小型の優待バリュー株をぎっしりとポートフォリオ上位に並べて戦い続けています。このミハルジェビックの名著は、私を含め多くの名もなきバリュー投資家の〝心の道標〟となる最高の一冊なんですね。

さて他にも書きたいことは山のようにあるのですが、私はそろそろ次の本の紹介に移らなければなりません。我々バリュー投資家にとって最高峰の名著であり、同時に〝奇跡の一冊〟でもあるこの本をこれからも末永く愛でながら、毎日の相場を戦っていく所存です。

新 賢明なる投資家

ベンジャミン・グレアム、ジェイソン・ツバイク［著］、増沢和美、新美美葉、塩野未佳［訳］
パンローリング・2005年

我々バリュー投資家にとってはまさに〝聖書〟となる一冊。なぜなら私達バリュー投資家は今でもグレアムが植えた〝安全域という大きな木の木陰〟で元気に毎日を過ごしているからです。そしてこの本の書評を書き上げることが「株式投資本オールタイムベストシリーズ」の最大の目標でした。ただ、どうしても自分が納得のできるレベルの文章が書けず、完成までになんと1年以上の歳月を要してしまいました。

1. 総論

我々バリュー投資家にとってはまさに古典かつバイブルであり、これから書評を書くのに身が引き締まる思いです。

そして実は、この本の書評の下書きはもう1年近く前に原型は出来上がっていたのでした。

ただ〝バリュー投資家の端くれ〟である私にとってはこの本の存在はあまりにも重く、自分が納得できるレベルの文章がまったく書けなかったのでそのままお蔵入りとなってしまっていたのです。今回何度も何度も書き直してようやく皆様にお届けできることになったのですが、そのせいで登場順位が大きく落ちてしまいました。本当は最低でもベスト20位以内には入れなくてはならない重要書であることには間違いありません。

そしてこの本は上下巻合わせるとほぼ1000ページという長編であること、グレアムこそが「バリュー投資」という概念の発明者であり、その末端の門下生である私にとっては極めて大切な書物であることから、今回の書評は過去最大の執筆時間をかけた全7回となってしまいました。書き上げた今、自分が持っている能力の全てを出し切った、燃焼し尽くした、という実感を持っています。それでは〝足掛け1年〟となってしまった渾身の日記をいよいよ始めましょう。

この『新 賢明なる投資家』はグレアムの原著には一切手を加えず、現代に即した注解を著名投資家のジェイソン・ツバイクが各章の後に加筆するという形で構成されています。そして、ツバイクの注解には読み応えが満載なので、前作よりもこの新版の方が圧倒的に上であると考えています。

さて本書は、世界トップの投資家であるウォーレン・バフェットが「株式投資の本では過去最高の傑作」と激賞したことでも知られていますが、私も間違いなく最高の名著であると考えています。ただ率直に言って、あまりにも古いと感じる〝時を超えない〟部分も残念ながら一部にあります。そしてこの上巻では、冒頭の「まえがき」と、第7・8章が特に良いと思っています。

2. 上巻のポイント

ここでは私がこの上巻から学んだことをまとめておきます。

安全域（margin of safety）という考え方は本当に素晴らしいと思います。私が現在の「優待バリュー株」投資法に行きついたのも、それが非常に安全域の大きいやり方だからです。「高ＰＢＲの銘柄には手を出すな！」という原則もこの本から学びました。

投資に当たっては〝少なくとも過去10年かそれ以上〟の業績を精査しなければならないということも、この本を通じて肝に銘じました。私は投資する全銘柄について「四季報オンラインプレミアム」で過去10年間の業績推移に必ず目を通すようにしています。

マーケットタイミングを計る投資法は誤りであるという明白なメッセージもこの本から得ました。それにしても「株の基本的価値よりも値動きを第一に考えるというこうしたやり方を繰り返す知的な人々の勢力は、長年のうちに自ら無力化し、失敗に繋がる傾向にある」というグレアムの指摘は、ツイッター全盛で多くの投資家が目の前の株価の値動きに血眼になって反応し続けている現代の株式市場ではまさに〝時を超える金言〟なのではないか？　と思います。

ミスター・マーケットという有名な比喩表現にも〝時を超える力〟がある、と感じています。また、総合的に見て、この本がバリュー系の投資家としては必ず一読しておかなくてはならない本であることには間違いありません。次回からは上巻を圧倒的に凌駕する珠玉の出来である「下巻」から私が学んだことを概説していきましょう。ここからがこのシリーズの本当のスタートになります。

3. 下巻の見所

ここからは下巻を見ていきます。下巻も上巻と同じく、素晴らしい部分と現代の視点ではやや古さを感じる部分が同居しています。今回はまず下巻の目次を見ていきましょう。

第12章の「1株当たり利益に関して」、第14章「防衛的投資家の株式選択」、第20章「投資の中心的概念『安全域』」、「あとがき」、捕遺1「グレアム・ドッド村のスーパー投資家たち」（ウォーレン・バフェット）が特に素晴らしいと思います。また、ツバイクによる各章の後の注解はほぼどれも例外なく必読です。それでは次回からは、この下巻のベストオブベストの部分を一緒に見ていきましょう。

4. グレアムのミックス係数

さて「バリュー投資」の始祖として知られるグレアムは本書の中で、防衛的投資家にとっての銘柄選択基準として以下の7つを挙げました。

1. 企業の適切な規模(みきまる注・小さい方が有利。なぜなら「小型株効果」が得られるから)。
2. 財務状態が十分に良い。
3. 最低過去20年間、継続的に配当がある。
4. 過去10年間、赤字決算がない(みきまる注・私はこのグレアムの言葉を受けて保有銘柄に関して必ず過去10年間の業績をチェックすることを自らに課している)。
5. 収益の伸び——過去10年間で初めの3年間と最後の3年間の平均を比べて、一株当たり利益が最低3分の1以上伸びていること(みきまる注・10年間で累積33%の成長。つまり1年では平均3%未満の成長でよい。「グレアムは成長性に関しては非常に低いハードルで良いと考えていた」ということ)。
6. 妥当な株価純資産倍率——株価が純資産価値の1・5倍以下
7. 妥当な株価収益率——株価が過去3年の平均収益の15倍以下

そして、特に6、7に関して、経験則から、「株価収益率に株価純資産倍率を掛け合わせたものが22・5以上であってはいけない」と述べました。この、

PBR×PER<22・5

は、グレアムのミックス係数として、我々バリュー投資家にとってはあまりにも有名な数式です。

私はどれほど成長力が魅力の銘柄に投資する場合であっても、ＰＢＲ×ＰＥＲが22・5を超えるようだと、１００％眉間に深い皺が寄ります。「うーん、これはきついなあ」といつも思います。それはもちろんグレアム先生の教えに背いた銘柄だからです。

そして、ポートフォリオ（ＰＦ）の多くの銘柄はグレアムのミックス係数が半分の11・25以下のものから選んでいますし、さらに厳しく絞り込んで4分の1の５・６２５以下のものも多くあります。そして過去の自分の経験上、ＰＢＲ×ＰＥＲが5以下の銘柄で致命的な敗北を喫したことは一度もありませんし、さらに言うとＰＢＲ×ＰＥＲが2以下、つまり1台の場合はほぼ負けたことはありません。

このようにグレアムのミックス係数の22・5は〝本当に偉大な数字〟なんですね。

5．強引な収益認識は危険のサイン

今回の日記の下書きはもうずっと以前に書き上げていたのですが、満天下に恥を晒すことになるのでブログでアップするべきか、秘密にしてお蔵入りにすべきかずっと悩んできました。ただ、「この件を総括して乗り越えていかれないのであれば、自分は投資家としてはもうここで完全に終わりだろうな」と直感したので公開することにしました。

第12章の「一株当たり利益に関して」は素晴らしい内容です。

「突如として減益を報告した急成長企業に対して市場は冷酷」というのは本当にその通りです。

自分の過去の経験例だと〝本当に翼の折れていたエンジェル〟ことブライダル関連企業の2196エスクリの株価推移が典型的に当てはまりますね。
「強引な収益認識というのは根が深く、そしてにわかに浮上する危険のサインであることが多い」。これは真の名言です。そして私はこの金言をずっと頭の片隅に置いていたにもかかわらず、それを軽く考えて真逆の行動をしてしまったことによって、今年度に投資家人生で過去最大の損失を出すことになってしまいました。本当は書きたくなかったのですが、自分が同じ過ちを繰り返さないために恥を忍んで書いておきます。

具体的にはまたもや前述の2196エスクリの話なのですが、業績好調と市場から見られていた2015年3月期に突如として会計方針を変えて、有形固定資産の減価償却方法をそれまでの定率法から定額法に変更しました。そしてこの変更によって利益を多く計上して見た目の決算数字を良くしたのです。会社側はその理由を「従前と比して受注および施行がより安定的に推移する傾向が判明した」ためと説明していたのですが、その後実際には受注と施行に苦しんで業績が墜落しました。つまり、エスクリの定率法から定額法への変更は見事なほどの〝業績変調フラグ〟だったんですね。

私はその点を強く懸念し、またIRからも十分には納得感のある答えを得られなかったのにも関わらず、それでもなお自分が描いた〝急成長なのに割安という夢シナリオ〟と共に超主力として戦い、数千万円の損失を出してぶざまに散るという悲惨極まりない結果となってしまいました。今後は二度とあいまいな理由付けで会計方針を変更する会社へは主力参戦しないことを肝に銘じています。

「企業の財務報告書を読み調べる際には、まず最後のページから読み始め、ゆっくりと前のページに戻ってくることだ。企業が知られたくないことは、すべて後ろのほうに埋もれている」。これまた凄い名言です。ちなみに前述のエスクリの会計方針の変更も有価証券報告書の58ページ目に埋もれるように目立たなく記載してありました（笑）。

ここで改めて申し添えておきますが、エスクリで被弾したのは私の投資家としての力量不足に100％の原因があります。会社側はベストを尽くし、ブライダル業界制覇のために日々必死に戦っているだけであり何の非もありません。そして自分の投資家としての未熟さ、愚かさ、脇の甘さに改めて気付かせてくれたエスクリには心の底から深く感謝をしています。

なんだか今回の記事は反省ばかりになってしまいましたが、グレアム先生のこの名著の教え通りに戦っていれば私はこの本の定価の軽く？　倍以上のお金を節約できていたのです（涙）。この本がどれだけ素晴らしいのかを改めて再認識させられる出来事でしたね（滝汗）。

6．投資の中心的概念「安全域」

最終章である第20章は我々バリュー投資家にとっては〝聖書〟とも言える内容です。安全域（margin of safety）という概念はバリュー投資のまさに根幹を成すものなんですね。

「長年の経験から分かっていることは、投資家が最大の損失を被るのは、好景気下で優良とはいえない証券を購入したとき」。グレアムのこの指摘は今の私達にもそのまま完全に当てはまりますね。

「安全域は、計算ミスや運の悪さを十分に吸収する効果がある」。だからこそ、バリュー投資家は相対的に市場で生き残りやすいんですね。

「安全域が保障するのは、損失よりも利益を上げる可能性のほうが大きいということだけ。これは保険引き受け事業の基本原理と同じである」。初めてこの部分を読んだとき私は震えました。

この本の序文でバフェットは「ウォルター・リップマンはみんなが木陰で休むための木を植えた人たちについて話した。ベン・グレアムはそういう人間なのである」と述べましたが、私達バリュー投資家は今でもグレアムが植えた〝安全域という大きな木の木陰〟で元気に毎日を過ごしているんですね。

「真の投資には安全域が不可欠だ。そして真の安全域とは、数字や筋道の立った論証、また実際の経験に照らして証明可能なものでなくてはならない」。その通りですね。私も常にその保有理由を誰にでも分かりやすく明白に説明できる銘柄と共に戦うように心がけています。

7．バリュー投資はいまだかつて流行を見せたことがない

巻末の「捕遺1　グレアム・ドッド村のスーパー投資家たち」（ウォーレン・バフェット）

はこの永遠の名著の最後を飾るに相応しい珠玉の内容です。

「私（バフェット）からみなさんに言えることは、ベン・グレアムとデイブ・ドッドが『証券分析』（パンローリング・２００２年）を著した50年前からその秘密は明かされているにもかかわらず、私がこの手法を実践し始めて35年がたつも、バリュー投資はいまだかつて流行を見せたことがないということです。人間には、簡単なものを小難しくするのを好むという、つむじ曲がりの性質があるようです。今後も市場では、価格と価値が一致しないケースが途切れることなく生まれ、グレアムとドッドの著書を読んだ者は成功を収め続けるのです」

このバフェットの「バリュー投資はいまだかつて流行を見せたことがない」というのは真の名言です。そして今の日本株市場を見渡しても、今すぐに値上がりする株だけを血眼になって追いかけるモメンタム投資家の方がほとんどです。バリュー投資はシンプルで分かりやすい投資手法ですが、短期間で見れば効果を発揮しないことも、そしてうまく行かないこともあります。ただ、だからこそバリュー投資は中長期的にはうまく行くわけであり、私はこれからもバリュー投資の一亜型である「優待バリュー株投資」手法と共に毎日を戦っていこうと考えています。

さて、これでこの本の紹介は終了です。我々バリュー投資家にとってのまさに〝聖書〟であるこの本の書評を書き上げることは私の大きな、大きな目標でした。今の自分が持っている能力を全て出して情熱を持って書き上げましたし、ようやく目標を達成することができて今は深い安堵感に包まれています。皆様、ここまでお付き合いいただき有難うございました。

株式投資で普通でない利益を得る

フィリップ・A・フィッシャー［著］、井田京子［訳］、パンローリング・2016年

1. 総論

フィリップ・フィッシャー（1907～2004年）はいわゆるグロース投資のパイオニアであり、彼の投資手法は、世界一の投資家、ウォーレン・バフェットに大きな影響を与えたことが知られています。

また、フィリップ・フィッシャーの息子（三男）であるケン・フィッシャーは〝孤高の天才&世界最高峰の投資家の一人〟であり、私のブログでも過去に彼の著作を2冊紹介しています。

そしてフィリップ・フィッシャーの一連の著作の中で、この第1作『株式投資で普通でない利益を得る』が間違いなく最高傑作です。つまり、この本は私達投資家にとっては必読本の一つということなんですね。ただし、個人的な評価では第4作の『投資哲学を作り上げる』（パ

ンローリング・２０１６年）は、この第１作に限りなく迫る超傑作と考えています。

ま、この第４作に関しては、いずれまた別の機会にゆっくりと紹介する予定です。

それでは、この本のベストオブベストのところだけを一緒に見ていくことと致しましょう。

２．バフェットの秘密のレシピ

最初は実の息子であるケン・フィッシャーによる素晴らしい「まえがき」から。

「父は生涯のほとんどの時期を成長株投資家として過ごした。父の目的は、大きく成長し続ける株を妥当な価格で買うことで、実質的に売るつもりはなかった。自分がよく理解できる少数の素晴らしい会社を探し、それが驚くほど値上がりするまで極めて長期間保有し続けるのである」

↓　私はフィッシャーの投資手法というのは〝クオリティ銘柄〟への投資だと考えています。

一般的には彼のやり方はグロース投資と理解されていますが、言葉の定義上グロース投資はバリュー投資の完全な反対側にあります。つまり高ＰＢＲ銘柄を買う戦略です。そして、バリュー投資にエッジがあることが歴史的に証明されている以上、その対極に位置するグロース投資には逆にエッジがない、ということになります。つまり、フィッシャーのやり方はグロース投資ではなくバリュー投資と同じようにエッジが証明されているクオリティ投資である、というのが私の個人的見解です。

そして、ベンジャミン・グレアムから受け継いだバリュー投資手法と、フィリップ・フィッシャーから受け継いだクオリティ投資手法のミックスチュアが〝バフェットの秘密のレシピ〟の本質でもあります。

ただ、個人的にはフィッシャーのやり方は再現性に乏しくて実行するのが非常に難しいとも感じています。ま、だからこそ私は〝コテコテのバリュー投資家〟であるわけですが（滝汗）。

「父ならば、もし良い会社があれば、そのひとつかふたつを、所有しているなかで最も弱い会社と入れ替えるべきかどうかを考えるだろう。父はいつもボラティリティが高い下落相場は、保有する会社の質を上げる素晴らしいチャンスととらえていた」

「多くの人がマーケットについて思い悩む時期には、父は自分がどの銘柄を所有し、どの銘柄を手放すべきかに集中していたのである」

↓　このやり方は私もそのまま丸々使っています。というのは、自分は〝マーケットタイミングを計らずに常にフルインベストメント〟なので〝常に金欠〟であり、大きく買いたい株があったら、持ち株を見渡して総合戦闘力が最も低い銘柄を手放すしかない、からです。

3．投資家と老い

今回は息子であるケン・フィッシャーが〝人間〟フィリップ・フィッシャーについて語った、「父について」から。

このパート、素晴らしかったです。ケン・フィッシャーの父親への深い愛情、洞察力がほとばしるほどに溢れています。私は読んでいて思わず涙しました。

「父の全盛期は、1950年代後半から1960年代にかけてだと私は思っている。1958年に本書が出版されると、父は瞬く間に国民的スターになった」

「1970年代半ばになると、父はお気に入り以外の株を少しずつ売却していった。1990年には保有株は6銘柄になり、2000年には3銘柄まで減った。そして、そのどれもうまくいっていいなかった」

「私はすべての投資家に、自分で老いを感じる時が来たら、投資判断は下さないよう勧めたい。老いる前にやめて欲しい。私はこれまで優れた投資家が老いるのを目にしてきたが、老いても優れている投資家を知らない。かつて優れていた高齢者はいるが、投資の過程は高齢と将来の能力を考えれば重要すぎるし、老いはそれまでの偉大さを凌駕していずれひどい破綻を招くことになる。端的に言って、80歳代の偉大な投資家は存在しないのだ」

「父が人生の終盤に買った株はどれもうまくいかなかった。80歳か70歳でやめていれば、経済的にははるかに良い状態だったと思う。売却してインデックスファンドを買っても、それまでの保有株を死ぬまで持ち続けてもよかった。しかし、父が判断を下すたびに、資産価値は下がっていった」

このケン・フィッシャーの指摘は重大かつ重要と思います。私達は、必ず老いそして死にます。株式投資というのは高度に知的な作業であり、かつ同時に大金を賭けた戦いでもあります。

人生の終盤で知的能力が落ちた状態で投資を続けるのは確かにとても危険です。

例えば私が将来重度な認知症になったとして、今のような〝資産の99・9％を市場にぶち込む、リスクをまったく恐れない超アクティブ投資〟を貫いたら、金銭的にとんでもないダメージを受けることになるでしょう。

その意味では、私達投資家には確かに〝引き際〟はあるはずですし、そうなったら引くべきと思います。自分としては、「もうインデックスに勝てない」と思う日が来たら、その時はインデックス投資に切り替えてアクティブ投資家は引退しようと覚悟しています。

でも、まだ今は、少なくとも投資家としては若いと思いますし、これからも自らのいけるところまで、マーケットの極北を目指して、死に物狂いで戦って行きます。

4. 周辺情報利用法でグレーエッジが手に入ることもある

今回は、息子のケン・フィッシャーが、本書の中で最も大切な部分、と述べている、「第2章『周辺情報利用法』から分かること」から。この〝周辺情報利用法〟は、以前にフォレスト出版から発売されていた旧版では〝聞き込み〟と和訳されていました。そして〝聞き込み〟の方が実態によく合っているように思います。パンローリングからのこの新版には旧版にはなかったケン・フィッシャーの「まえがき」と「父について」が追加されているので全体としては完全に上ですが、旧版にもいい面があったなあ、とふと思いましたね。

「会社の『関係者の話』は、注目に値する。何らかの形である会社にかかわっている人の話を横断的に見ていくと、同じ業界の会社の相対的な強さや弱さが驚くほど正確に分かるからだ。ほとんどの人は、特に自分の発言が明かされないと分かれば、自分がかかわる分野の話をしたがるし、競合他社についても自由に話をする」

「同じ業界の5つの会社を訪ねて、それぞれに、ほかの4社の強さや弱さについて質問をすれば、90%くらいの確率で、5社すべての実情が驚くほど正確に浮かび上がってくるだろう」

フィッシャーの言う「周辺情報利用法＝聞き込み」ですが、現在では会社のIR担当に電話1本すれば簡単に実行できますし、私はPF上位に置いている主力株に関しては、〝少なくとも1回〟は必ずIR担当部門に直接電話して自分のその銘柄への疑問点を解決すると同時に、「IRがどんな対応をするのか?」も確認するようにしています。経験上、個人投資家を軽く見ていい加減で邪険な対応をする会社は〝投資対象としてろくでもないことが非常に多い〟からです。

またフィッシャーの言う、「ほとんどの人は、特に自分の発言が明かされないと分かれば、自分がかかわる分野の話をしたがるし、競合他社についても自由に話をする」というのも自分の経験からも事実です。こちら側が十分な下準備をしたうえで、礼儀正しく丁寧に熱心に質問をするというのが大前提ですが、時に「えっ、そんなことまで聞いてしまって良かとですか?」とびっくりするような〝グレーエッジ〟が手に入ることもあるんですね。

5.フィリップ・フィッシャーが株を買う15のポイント

今回は、「第3章　何を買うべきか――株について調べるべき15のポイント」から。

ポイント1　その会社の製品やサービスには十分な市場があり、売り上げの大きな伸びが数年以上にわたって期待できるか

ポイント2　その会社の経営陣は現在魅力のある製品ラインの成長性が衰えても、引き続き製品開発や製造過程改善を行って、可能なかぎり売り上げを増やしていく決意を持っているか

ポイント5　その会社は高い利益率を得ているか

ポイント6　その会社は利益率を維持し、向上させるために何をしているか

要は、売り上げを大きく伸ばし続けていていてかつ同時に利益率の高い銘柄＝「クオリティ銘柄」を買え、ということですね。

はい、フィッシャー先生、自分もそういった銘柄を選び抜ける選択眼があるのならば、どんなにいいだろうと思います。でも、自分がそういった観点から銘柄選択をすると、実際には途中で売上高も利益率もポテッと落ちてしまう〝翼の折れたエンジェル〟であることが判明して大敗を喫することが過去に多くあり、〝言うは易し、横山やすし〟で全然うまくいかないのです。

そういうわけで、私はオールド・ファッションドな、古典的で古ぼけたバリュー投資家であり続けています。銘柄の選択基準が明白かつ単純（ＰＢＲ・ＰＥＲなどの指標で見て安い）なところが〝単細胞の永遠の３歳児〟の自分にはよく合っているんですね。

6. 成長株の方が良い理由

今回は、「第4章　どんな銘柄を買うべきか」から。

「これまで私が見てきたなかで、意味のある比較ができる期間（例えば5年間）で比較すると、ある程度の知性を使って優れた経営が行われている成長企業を選んで買った投資家と、統計的な割安株を探す最高のスキルを持った割安株ハンターを比べたら、割安株ハンターの利益は取るに足らないものだった」

「成長株のほうがいい理由は、10年単位で価値が何百％も上昇しているからだ。しかし、割安株ならば50％上昇するものもほとんどない。成長株の累積効果は明らかだ」。ぐぬぬ。この章でフィリップ・フィッシャーは我々バリュー投資家のことを痛烈に批判しています。確かに〝事前に見抜けるのであれば〟成長株投資は最高のパフォーマンスをもたらしてくれます。

その一方で我々バリュー投資家はそもそも企業の成長力などか̀げ̀ろ̀うのようなあまりにも不確かなものであると考えており、それを当てにして投資を行うことはしません。そしてもっと〝手堅い〟資産や収益力に重きを置いて投資をしています。

このあたりは、投資哲学の違いとしか言いようがないですね。

7．投資で最も安全な道

今回は、「第5章　いつ買うべきか」から。

「従来、株を買うタイミングとして使われてきた手法は、論理的に見えて、実はバカげている。この手法は、膨大な量の経済データから、短期的、または中期的な景気を予想することを指す。現在分かっている経済知識を総動員しても、将来の景気動向を予想するのは不可能だということを考えれば、この手法は実践的ではない」

↓　フィリップ・フィッシャーも、マーケットタイミングを計る投資手法を否定していますね。

「正しい会社で、ある程度の増益が期待できる要素があっても、それがまだ株価に反映されていない時点で買う」

↓　これは彼の息子であるケン・フィッシャーの〝グリッチ〟という考え方に繋がる発想と思います。非常に興味深いですね。

「最も安全な道は、一見最もリスクが高そうな方法だ。それは、自分が状況をよく把握している会社が投資すべき時期になったと確信したら、すぐに買うということだ。推測や憶測に基づく恐れや希望に負けて、行動を止めてはならない」

↓　いい表現ですね。

8.「ただ高配当なだけの株」は危険

今回は、「第7章　配当金をめぐるさまざまな言い分」から。

「もし資金を正しいタイプの株に投資していれば、収益の増加分を会社の経営陣が再投資してくれるほうが、多めの配当を受け取って株主が自分で再投資するよりも高い利益が得られる」

「研究も株価の上昇率が低い株のほうが配当率は高い、という結果を示している」

「大事なことは、成長が可能な好機を逃してまで配当が強調されているような会社は買うべきではないということである」

「実は、優れた株を選ぶとき、配当については最低限しか考慮しなくてよい（最大限でなく）。これまで配当についてたくさん書いてきたが、一番面白いのは、配当について最も考えなかった人が、結果的には最も高い配当利回りを得ている場合が多いということだ」

「大事なことなので繰り返し書いておくが、5～10年の期間で見た場合、最高の配当リターンを上げるのは高利回りの株ではなく、比較的低利回りの株なのである」

フィリップ・フィッシャーは「高配当株への投資は株価の上昇率が低い」として鮮やかに斬り捨てています。この異常な程の歯切れの良さに彼の天才性が端的に表れています。

ちなみに前世紀の大投資家で、私が最も尊敬している一人でもあるジェラルド・M・ローブは〝株の買い方のコツ〟として以下のように述べました。ローブも配当金を目当てとした投資には否定的ですね。

「選ぶ会社は、赤字で業績も異常に悪いもの。現在の業績はそこそこだが、一般の予想では不振が見込まれるもの。株は配当金がつかないもの。同時に、買い手はこういった表面的な状況とは逆の意見を持ち、しかもその意見は確かな判断と信頼できる情報源によって裏打ちされているもの。購入時には評価も人気も低く、株価も下げており大方の予想が悲観的であるもの。期待しているような値上がりが起こるためには、現在の株価には反映されていない何かを予見できなくてはいけない。みんなにもあなたと同じことが見えているときには、利益は生まれない」

さらに超名著『ファクターたり得ない――ファクター投資入門』の中でも、著者のバーキン&スウェドローが、「配当は有効なファクターたり得ない」と、明白にその有効性を否定しています。

そして私自身も、ただ〝高配当であるというだけ〟で株を買うことはほとんどありません。むしろ、「極端に配当率が高い銘柄はそれだけ高い追加的なリスクがあることを示している」と認識しています。世の中には〝配当性向の高い高配当株に力点を置いて、配当金生活を目指す〟コンセプトの投資家の方々がたくさんブログやツイッターをしていますが、私の観察では、彼らのほとんどは市場平均を下回る長期投資成績になっています。これが何よりも、フィッシャーの言う、「成長が可能な好機を逃してまで配当が強調されているような会社は買うべきではない」理由を雄弁に語っているのではないでしょうか？

なお、補足として書いておきますが、私が否定しているのは〝ただ配当性向と配当率が高いだけ、それしか取り柄がない株〟のことです。私が専門としているバリュー株は、不人気であるがゆえに〝結果として高配当株になっている〟ことが多いですが、これらは当然喜んで買います。つまり、高配当というのは、あくまでも低ＰＢＲや低ＰＥＲなどと同じバリュー投資の特徴の一つにすぎず、元々そこに内包されているものと認識しています。なので、高配当だけをことさらに切り出して焦点を当てる投資法に特に意味はないし、高配当を過剰に高く評価するのはむしろ危険であると考えている、ということですね。

9．分散し過ぎないことが大切

今回は、「第9章　ほかにも避けるべき5つのポイント」から。

分散し過ぎないこと。

「投資原則のなかで、分散ほど広く賛同を得ているものはない。株式ブローカーでさえ理解できるくらい単純な概念だからだ、などという皮肉屋もいるほどだ。いずれにしても、平均的な投資家はその影響を受けて、不適切な分散をすることになる可能性が高い。しかし、ほとんどの人は逆の悲劇について十分考えていない」

「それでは、分散はどこまでが必要で、どこからが危険なのだろうか。これは歩兵がライフル銃を三角垂状に立てておくのに似ている。ライフルは2挺ではしっかり立たないが、5～6挺をきちんと配置すれば安定する。しかし、それが50挺になっても、安定度は5挺のときとさほど変わらない」

「たくさんの銘柄を保有している人の多くは、優れた投資家というよりも、自信がない人だ。株の世界では、大量の銘柄を少しずつ保有しても、2～3銘柄の優れた株を保有する代わりにはとうていならないのである」

この「分散し過ぎない」というのは、現在世界一の投資家であるウォーレン・バフェットの投資基軸の一つです。そしてバフェット自身が「自分の投資哲学の元になったのはフィリップ・フィッシャー」であると明言しています。

ここでバフェットの言葉を復習すると、彼は、「ありきたりの分散はリスクを増やす」と述べています。はい、完全にフィリップ・フィッシャーの言葉と同じですね（笑）。

つまり、バフェットが世界一の投資家になれたその直接の原動力・推進力は、このフィリップ・フィッシャーの名著であるということなのです。改めてフィッシャーの天才性に震えますね。

10．投資家が「バリュートラップ」にハマる理由

さて今回も、「第9章　ほかにも避けるべき5つのポイント」から。

「投資家が将来に大きな利益が期待できる株を見送って、はるかに少ない利益の株を買ってしまう理由は分かっている。彼らは、〝まだ上がっていない株〟を重視するあまり、無意識のうちに全ての株は同じくらい値上がりするもので、すでに大きく値上がりした銘柄はそれ以上上

がらないか、まだあまり上がっていない銘柄はどこか〝相応〟のところまで上昇すると思い込んでいるのだ。しかし、それはまったくの誤解である。この数年で株価が上がったかどうかは、その株を今買うべきかどうかの判断とはまったく関係がない」

「同様に、多くの投資家は株を買う判断を下すとき、過去5年間の一株当たりの利益を重視する。しかし、一株当たりの利益の値だけを4～5年分見ても、それはエンジンを車体から取り外して、機能を試そうとするようなことだ。大事なのはその背景にある状況だ。最も重視すべきは、これからの数年間に起こる可能性が高いことは何かということなのである」。この章で、フィリップ・フィッシャー先生は、我々投資家がなぜ「バリュートラップ」にハマってしまうのかをこれ以上ないくらいに分かりやすく解説してくれています（滝汗）。

私は投資家人生のほとんど全てをバリュー投資家として過ごしてきました。そしてバリュー投資手法が持つ、その再現性や堅牢性のおかげで、ここ20年間〝世界最弱〟の日本市場を元気に生き抜いてこられたわけですが、同時に自分にはこの〝目の前の数字だけを凝視していてまったくちっとも未来が見えていない〟傾向が強くあり、過去何度も〝バリュートラップ沼〟にはまり続けてきました。

そしてこの悪癖は、気を抜くとすぐに再発します。自分の現在のＰＦ上位銘柄を俯瞰すると、〝見た目の指標的には安いけど将来が展望しにくい、クオリティーの低いバリュートラップ銘柄〟が再びじわじわと増えてきてしまっていると認識しており、早急な改善・修正が必要であると認識しています。

このように、ほんとにフィリップ・フィッシャー先生の指摘はいつも極上に素晴らしいんですね（玉汗）。

11．多数派の真似をしないことが大切

引き続き、「第9章　ほかにも避けるべき5つのポイント」から。

「多数派のまねをしない」

「株式市場には、女性のファッションと同じように、流行やスタイルがある。過去20年間、金融界の見方が途中で反対になり、それが株価に影響を与えるということが幾度となくあった」

「投資家は、買おうとしている会社とその業界について、事実を検証するだけでなく、その時期の金融界の感情も分析しておかなければならない」

「大勢を占める意見に惑わされず、事実を見極める能力は、株式投資の世界で大きな報酬を得る資質と言って良いだろう。しかし、周りの人たちの総合的な意見は私たちの考えに多大な影響を及ぼすため、このような資質を身につけるのは簡単ではない。金融界はたいていファンダメンタルズ的な変化に気付くのが遅れる」

この「多数派につかない」というのは投資家として非常に大切な資質です。なぜなら私達が愛してやまない株式市場は〝大多数からお金を取り上げて、それを上位5％に与える仕組み。

95％の人は人間本来の心理のせいでお金を失う〟所だからです。

でも実際には多数派の真似をしないというのは至難の業であり、難しいことです。なぜなら私達投資家の95％は〝凡人〟であり、人間が根源的に持っている弱点である「行動バイアス」から逃れることは決してできないからです。つまり、〝人間的な、自然な心象に基づいて投資をすると損をする。市場はそういう風にできている〟ということです。

以前から何度も指摘していますが、世の中のS級・超A級の投資家の多くは実際には〝極度の変人〟です。まったく常識がない、協調性がない、人の痛みが分からない、何を考えているのか1ミリも推測できない、善悪を頭では理解していても実際の行動に反映できない、重度のサイコパス、そういう人たちが多いです。〝いい、悪い〟という話じゃなくて、現実にそうです。そういう〝不可思議な世界〟で戦って行くうえで、私達は投資判断に当たって決して、世間一般の常識を用いてはならないですし、いつも〝自らの中の凶暴な獣〟を大切に生かしていかなくてはなりません。パッと見で安全に見える道は、大体もれなく超危険です。いわば〝狂っていなくては生き残れない〟んですね。

12. フィリップ・フィッシャーもパクリュー投資を実践

今回は、「第10章　成長株を探す方法」から。

「素晴らしい投資先を見つけるには、かなりの時間とスキルと注意力が必要だ」

「最初のきっかけをくれたのは、まったく違う情報源だった。それが、アメリカの各地にいる少数の尊敬すべき知り合いの投資家達だ。長年の間に出会った彼らは、みんな独自の方法で優れた成長株を見つけていた」

「私が成長株を探すときの方法はだいたいこんなところだ。最初に調べる銘柄の5分の1は、その業界の友人の話からヒントを得て、残りの5分の4は、知り合いの優秀な投資家の話を聞いて、魅力的だと思った銘柄から選ぶ」

はい、これは「パクリュー投資」のことを言っています。

バフェットの師匠であり、投資界のレジェンドであるフィリップ・フィッシャー先生も極めて効率的かつ有効な投資手法であるパクリュー投資を実践していた、ということですね（笑）。

「私が知るかぎりで、こんな簡単にこれほどの報酬を得られる分野はほかにはない」

はい、投資の世界ほど高い収入を得られる世界は他にはどこにもありません。それは間違いないです。さらに儲かるだけでなく、滅法面白いときているわけで、こんなもの〝3日やったら一生やめられない〟に決まっていますね（笑）。ちなみにフィリップ・フィッシャーとほぼ同じことを、モメンタム投資家の始祖である、リチャード・ワイコフも述べています。

さてこれでこの本の紹介は終わりです。真の傑作ですね。未読の方は是非。

♛バフェットからの手紙

ローレンス・A・カニンガム［著］、増沢浩一、藤原康史、井田京子［訳］、パンローリング・2016年

1. 総論

名著としてあまりにも誉れ高い本書ですが、監修者でその激辛評論で知られる長尾慎太郎氏はまえがきの中で、「今だから正直に言うと、恥ずかしながら昔はその良さがよく理解できなかった」と述べています。

そして私自身もこの本の第1版をずいぶん昔に最初に読んだときには、「うーん、素晴らしいところもあるけど、実際の投資にすぐにそのままダイレクトに役立つ例が少ないし、難解すぎるし、全体にはイマイチかな」と思いました。

時が流れ、私は「株式投資本オールタイムベストシリーズ」の執筆に当たって最新版となる第4版を読み直しましたが、その結論は、バフェットは投資の天才であるのは当然として、そ

の説明の分かりやすさにおいても天才である。またこの本は投資だけではなく広く人生においても役立つ真の傑作である、というものでした。この本の初版を最初に読んだ頃の私は投資家としてあまりにも知識不足、経験不足、引き出し不足で、圧倒的に未熟すぎてその良さが分からなかっただけだったのだ、と今ははっきりと感じています

ここでは忘れないうちに〝人生に効く〟バフェットの名言から紹介しておきます。

お金を失っても――たとえたくさん失ったとしてもなんとかなります。しかし、信用を失ってしまえば――たとえほんのわずかであったとしても取り返しのつかないことになる。

私は、命の次に大切なお金を賭けた〝血を血で洗う常在戦場〟である株式投資に関するブログをもう10年以上も継続してきました。その間に結果としてお金を失ったこともたくさんありました。それでも私のブログは、執筆者である私がこんなにもへっぽこ投資家なのに見捨てられることも特にまったくなく、昔も今も驚くほど多くの方々から訪問いただき続けています。

株式投資の世界では〝言えない、書けないこと〟がたくさんありますし、私自身もそうです。ただそれでもこのブログが皆様からアクセスされ続けてきたのは、私の株式投資に対する姿勢が〝常に真っ直ぐ〟であることが評価され、信用されているからだろうと思っています。

すみません、脱線しました。

さてまずはこの超名著の目次を見ていきましょう。

全体に「ここは読まなくていいな」という捨てページのない濃密な内容ですが、第2章の「フ

ァイナンスと投資」が特に傑出して良いと思います。それでは次回からこの第2章を中心としてこの傑作のベストオブベストの大トロの部分だけを紹介して行きます。

なお、最初にお断りしておきますが、株式市場の有史以来〝最高&最強の投資家〟であるバフェットの肉声が散りばめられた本書の重要性はタダごとではありません。そこで、彼の珠玉の言葉を味わい尽くすため、次回からは毎回テーマを絞って細かく徹底解説していきます。今回はトータルで全10回、気合満点でお送りします。是非お楽しみください。

2. 投資案件は口外しない

「プロローグ――株主に関する企業原則」の中でバフェットは、「率直であることが私たちの信条ですが、こと有価証券の売買に関しては、法に触れない程度までしかお話しするつもりはありません。投資に関する良い案というのはそうそう出合えない価値のあるもので、素晴らしい製品や企業買収案と同様、競合者に盗用されやすいのです。ですから通常、投資案件を口外することはありません。これは私達が買うと根拠なく噂されている株式についても、すでに売却したものについても同じ（なぜならばまた買い直す場合もありますので）です。根拠ない噂に対して私たちがそれを否定しながらも、別の機会には『ノーコメント』と言った場合には、その言葉は前言を確認するものになるからです」と述べていますが、この「投資に関する良い案というのはそうそう出合えない価値のあるもの」であるという指摘はまさに至言です。というか、私達投資家は目には見えないその〝案〟こそを求めて日々精進し続けているわけですからね。

そして私自身のブログでも〝案〟を〝実行〟に移した後の評価済みのポジションだけを語るようにしています。またたまに「あの銘柄のポジションは今どうなっているのですか？」というような質問をいただくことがあるのですが、当然一切お答えすることはできません。私のブログで一番人気コンテンツである「主力株概況シリーズ」は投資家としてのある時点での固まった、特定の瞬間を切り取った、〝海面の上の氷山〟の評価を語っているだけのもので、水面下の色々なストーリーは〝価値のある大切な企業秘密〟ということなんですね。

そういえば書いていて今思い出したのですが、この視点に関しては、名著『勘違いエリートが真のバリュー投資家になるまでの物語』（パンローリング・２０１５年）の中で著者のガイ・スピアが語った、「現在の投資について語らない」という一節も素晴らしいと思います。

3．魅力的な予想を語り、投資家に言い寄るCEOは危険

第１章の中の「疑うべき企業」の話は非常に勉強になります。いくつか引用します。

「マンガーも私も魅力的な予想を語り、投資家に言い寄るCEOについては疑ってかかる傾向があります」→ ドキッ。私も過去に何度もそれに魅惑されて高い授業料を払ってきました（汗）。

「年次報告書の難解な脚注は、その経営者が信頼できないことを示す場合が多くあります。脚注やそのほかの経営に関する説明事項が理解できないのは、たいていの場合、ＣＥＯがそれを望んでいないから」→素晴らしい指摘。事業報告書やバランスシートが理解しにくい会社というのは大体において優れた企業ではないことが多いと思います。

「企業利益の平準化や誇張された四半期報告は、いつもは正直な経営者が用いる罪のない嘘。洗練されていると思われている投資家も含めて、投資家が報告された企業収益の継続的な増加に対して法外な評価を与えているかぎり、経営者や広報担当者の一部は真実がどうであれ、一般会計原則を使ってそのような業績数字をひねり出そうとするでしょう」→最近だと、６６７８テクノメディカなんかがやりましたね。

それにしてもバフェットの言葉というのは〝分かりやすくてかつ深い〟ですね。

4．10まで数えられる馬は優秀な馬だが、優秀な数学者にはなれない

さて天才バフェットも常に成功し続けているわけではありません。彼の代表的な失敗は１９６５年に経営権を取得したバークシャー・ハサウェイ社です。結局何をやっても繊維事業の業績を好転させることができず、最終的に１９８５年に繊維部門を閉鎖したのでした。

そしてあまりにも有名な以下の言葉を反省として述べています。

「株主にとって惨憺たるこの結果が示すものは、誤った前提に対して多くの知力とエネルギー

を注げばどうなるかということです。この状況をうまく言い当てているのは、サミュエル・ジョンソンの馬の話です。『10まで数えられる馬は優秀な馬ですが、優秀な数学者にはなり得ません。私の結論は、経営業績で良い結果を出すためには、乗り込んだボートをいかにうまく漕ぐかということよりも、どのボートに乗り込むかということの方がはるかに重要だということです。もしもあなたの乗っているボートがいつも水漏れを起こしているようならば、その修復に労力を費やすよりも、ボートを乗り換える努力をするほうがよほど生産的でしょう』」

本当に味わい深い例えですね。

5. 短期的に見るとマーケットは投票機、長期で見れば計量器

第2章の「ファイナンスと投資」は素晴らしい内容です。しばらくはこの2章を味わっていきましょう。

有名な比喩表現〝ミスターマーケット〟について書かれた部分は秀逸です。

「30分以上ゲームに参加していてだれがカモか分からなければ、あなたがカモ」→バフェットの例えの鮮烈さは彼の天才ぶりを如実に示していますね。

「投資家として成功するためには、優れた企業判断と自分自身の考えや行動を市場に渦巻く強い感情から隔離できる能力との両方を備えることが必要。短期的にみるとマーケットは投票機にすぎないが、長期で見れば計量器」→マーケットの本質をこれほど端的に示す一文が他

にあるでしょうか？　本当に素晴らしいですね。

「多くの投資家が答えを間違えます。今後長い間株式を買い越すにもかかわらず、株価が上がれば喜び、株価が下がれば悲しむのです。つまり、これから買うことになる『ハンバーガー』の株価が上がったといって有頂天になっているわけです。こうした態度はバカげています。株価が上がるのを見て喜ぶのは目先に株を売る人だけです。これから株を買おうとしている人は、株価が下がるほうがありがたいはずなのです」↓　まさに至言ですね。

6．効率的市場仮説はバカげた理論

ここでは「効率的市場仮説」〔本書では〝効率的市場理論〟〕に関してバフェットが述べている部分を見ていきます。

「マーケットは『たびたび』効率的であるという観察結果を、彼らは無理やり『常に』効率的であるとこじつけました。『たびたび』と『常に』では昼と夜ほどの違いがあるにもかかわらず、です。効率的市場理論がどれほどバカげた理論であるかは、グレアム・ニューマン社やバフェット・パートナーシップ、バークシャーでの63年間にわたる裁定取引実績が物語っています」↓　自らの実績から〝やんわりとしかし明白に〟効率的市場仮説を否定していますね。

「学生達や効率的市場理論を鵜呑みにしたプロの投資家たちが被った損害のおかげで、私たちをはじめグレアムの教えに従った人たちは、自然と大きな恩恵を得る結果となりました。争いの世界では、それが金融上のものであれ、精神や肉体に関わるものであれ、試すことすら無駄だと教え込まれた敵と戦うほど有利なことはありません。自己本位な言い方をしますと、グレアム信奉者たちは効率的市場理論が永遠に人々に講義され続けられるよう、それらの口座には寄付し続けるべきでしょう。知的ゲームにおいては、それがブリッジやチェス、あるいは投資銘柄の選択であれ、『考えることは時間の無駄だ』と敵が教え込まれることほどありがたいことはないのです」→ 痛烈な皮肉を込めた表現で、効率的市場仮説の愚かさを喝破しています。そして私たちバリュー投資家にとって幸いなことに、未だにこの〝絶対に市場に勝てないことを保障してくれる、美学のない宗教〟のような効率的市場仮説に従って投資をしてくれている気の良い一派が市場にはたくさん存在しているのです。本当に感謝の気持ちでいっぱいですね。

7. ありきたりの分散はリスクを増やす

ここではバフェットが「集中投資の必要性」について語った部分を見ていきましょう。

「マンガーと私はずっと昔に、投資で一生のうち何百回もの賢い決断を行うのは無理だと悟りました。そこで私たちは、ほんの何回か賢い決断をするという戦略を選んだのです。現実的に、私たちは今では、年に1回良い考えが浮かべば良し、としています（マンガーによれば、次は私の番だそうです）」→ この最後の一文に表れているユーモア、本当に味わい深いです。うっとりするくらいですね♪

「インデックスファンドに定期的に投資すれば、『何も分かっていない』投資家でもプロの投資家以上の利益を上げることが実際に可能。逆説的でありますが、『愚鈍な』投資家が自分の限界を認識すると、もはやその投資家は愚鈍ではなくなるのです」↓このバフェットの言葉から「インデックス投資はあのバフェットも強く推奨している投資法なのだ」と金科玉条のごとくにおっしゃるインデックス投資家の方が散見されますが、バフェットがその言葉を発している前後のニュアンスも汲み取ってほしいなあと、アクティブ投資家としてはインデックス投資の素晴らしさに平伏しながらも感じています。

本文に戻ります。

「他方で、もしあなたが企業の経済状態を理解し、相応の値付けがされている重要な長期的競争力を有する企業を5社から10社ほど見つけられる『物の分かった』投資家なら、ありきたりの分散は勧められません。単に収益結果にダメージを与え、リスクを増やすことになりかねないからです」↓このバフェットの「ありきたりの分散はリスクを増やす」という指摘は深いです。分散のための分散をすると、投資家として大成できなくなり、貧乏なままで人生を終えることになる可能性がどんどんと高まるんですね。

「私たちは絶えずそれぞれの分野で多額の投資をする方法を探しています（小額な取引は避けるようにしています――やる価値のないことをうまくやっても、まったく意味がないからです）」↓このバフェットの「やる価値のないことをうまくやっても意味はない」というのは強烈な一句です。私も〝意味のない、分散のための分散〟をしないよう、常にこの言葉を心に留めてPF編成に当たっています。

8. しけモク投資は罪

ここではバフェットがいわゆる「しけモク投資」について語っている部分を見ていきましょう。この「しけモク投資」(cigar butt investing:もし十分に安い価格で株を買えば、たとえその企業の長期的収益力が悲惨なものであるとしても、まずまずの利益を出すチャンスはあるとする投資手法。道端に落ちているタバコの吸殻であってもタダ同然で拾えば、後ひと吸いだけはできるということ)は、バフェットの師匠・ベンジャミン・グレアムの投資手法ですが、バフェットは繊維事業を営んでいたシケシケの二流企業であるバークシャー社の経営権を取得して20年も立て直そうと努力した末に失敗したことから、今ではしけモクに否定的な立場を取っています。

「困難なビジネスにおいては、一つの問題の片が付く前に、次の問題が起きるものです。台所にゴキブリが1匹いれば、それは他にもたくさんいる証拠なのです。優れた競馬騎手は優れた馬によって良い結果を出すことができますが、ガタガタの老いぼれ馬ではだめなのです。『流砂』の上を走っても、一歩たりとも前進はできない。二流の繊維メーカーや百貨店は、自分の娘を結婚させたいような素晴らしい人たちが経営しているというだけでは成功しない」→ 相変わらず神レベルの超絶に分かりやすい比喩表現ですね。

バリュー投資の創始者であるグレアムが愛し、そして私自身も非常に得意とするこのしけモク投資ですが、弟子のバフェットは数々の失敗経験から明白に否定しています。また同じく〝現代最高のバリュー投資家の一人〟として知られるジョエル・グリーンブラットも古典的なしけモクには否定的です。このあたりの投資手法の違いというのは非常に興味深いですね。

9．借り入れは0を生み出すことが大変多い

ここでは借入金（レバレッジ）を使った投資について、バフェットが語った部分を見ていきましょう。

「一部の人たちが借入金を使って投資を行い、大変豊かになったということは疑いもありません。しかしそれは大変貧しくなる道でもありました。借り入れは病み付きになる恐れがあります。借り入れの驚くべき効果でひとたび利益を上げてしまえば、保守的なやり方に後戻りしようと考える人はほとんどいません。誰もが3年生で学ぶことですが——そして、一部の人たちは2008年に再び学ぶこととなりましたが——、プラスの数字が並んでいてそれがどんなに大きなものであっても、それにゼロをひとつ掛けただけで消えてしまうのです。私たちは歴史から、『借り入れがゼロを生み出すことが大変多い』ことを学びました。どんなに賢い人が借り入れを使ってもそれは変わらないのです」

私自身もレバレッジを掛けた取引は〝決して〟行いません。爆発的な資産増加は望めなくなりますが、同時に〝ゼロになること〟もほぼなくなるからです。

私はこの〝鉄の血の掟〟を守り抜いてきたからこそ、ここまでどんなに想定外でつらいことがあっても、常に笑顔でニコニコのスーパーハッピーに19年間を生き抜いてこられたのです。

10．インデックス投資の優位性と、それを超える選択肢・アクティブ個人運用

ここではバフェットがパッシブ投資・インデックス投資の優位性について語った部分を見ていきましょう。

グループ別に見てみると、助っ人の助けを借りるグループというのはそもそも平均を下回っているはずです。理由は単純です。

1．投資家は全体として見れば必然的に平均的な利益率を達成し、そこから発生した費用を差し引くことになる。

2．パッシブ投資家やインデックス投資家はあまり活発に取引を行わないことから、平均的な利益から極めて少ない費用を差し引いただけの利益が獲得できる。

3．このグループは平均的な利益率が獲得できることになり、したがって残りのグループはアクティブ投資家ということになる。しかし、このグループは取引費用、経営者への報酬、顧問費用が高くなる。したがって、アクティブ投資家は、活発に取引を行わない投資家よ

りも利益のうちのはるかに高い割合を失うことになる。すなわち、パッシブ投資家のグループ――「何も知らない」グループが勝つことになる。

素晴らしい。パッシブ・インデックス投資の優位性をこれだけ簡潔にかつ分かりやすく説いた文章を他に見たことがありません。

そして私自身もパッシブ・インデックス投資に関しては、「最小限の努力で理知的な果実が得られるコスパ最高の投資法である」と考えています。

ただ、自分自身はインデックス投資がもたらす〝平均的な〟パフォーマンスではまったく満足できないこと、その投資手法が極めてつまらないこと、投資家として市場で生き延びて行くために必要不可欠な貴重で稀少な経験値をまったく積めないことから、これからも現在の超アクティブな投資手法を取り続けていく所存です。

またもう一点付け加えると、パッシブ・インデックス投資を超える選択肢というのはアクティブファンドでの運用ではなく、「アクティブ個人運用」であると考えています。自分自身の自己責任で銘柄を選び運用する。これならアクティブファンドの法外でボリボリの毎年の信託報酬もかかりませんし、取引手数料を抑えた運用だって自由自在にできます。そして重要なことですが、これが滅法面白い。お客さん、それこそ〝真の正解〟なんですね。

少し脱線しましたが、これでこの本の紹介は終わりです。なんと全10回という過去最大の長編となってしまいましたが、書き終わった今〝それは至極当然〟と思っています。また同時に、この本に与えた36位という順位はまったく実力にそぐわない不十分なものであったと深く反省しています。

もしも「株式投資本オールタイムベストシリーズ」を新しく全面的にブラッシュアップして書き直す日が来れば、ベスト10に入賞するかもしれないですね。

テンプルトン卿の流儀

ローレン・C・テンプルトン、スコット・フィリップス［著］、鈴木敏昭［訳］
パンローリング・2010年

テンプルトン卿の兄の孫娘のローレン・テンプルトンとその夫のスコット・フィリップスが、生前の卿の言葉を散りばめながら書き上げた珠玉の一冊ですね。

テンプルトン卿はマネー誌に〝20世紀最高のストックピッカー（銘柄選択者）〟と称えられたまさに伝説的ファンドマネージャーであり、「強気相場は悲観のなかで生まれ、懐疑のなかで育ち、楽観とともに成熟し、陶酔のなかで消えていく。悲観の極みは最高の買い時であり、楽観の極みは最高の売り時である」との名言であまりにも有名な〝逆張り投資の伝道師&国際分散投資の始祖〟です。そして〝逆張り系優待族〟を自認する私にとっては最も尊敬する投資家の一人でもあります。また彼の投資成績は、『ウォール街のランダム・ウォーカー』の著者バートン・マルキールの「効率的市場仮説」が明らかに間違っていることの鮮やかな証明ともなっています。

さてこのテンプルトン卿は1960年代に日本株に投資して大きな利益を得たことで知られていますが、この頃の日本市場は「株価の変動が並外れて大きい、情報が十分ではない」ことから不人気の極みでした。しかし結局、TOPIXは1959年から1989年の30年間でなんと36倍にもなったのでした。ただこの頃にあまりにも日本株がファンダメンタルズに比して騰がりすぎたせいで、〝遅れてきた子供達〟の我々が〝田んぼで水泳〟をするがごとくに、今に至るまでずっともがき苦しんでいるわけですね。

そのテンプルトン卿の生涯の実際については本文をお読みいただくとして、ここでは彼の名言を本文中からいくつかピックアップしておきましょう。

「想定される価格の8割引で売られていなければ掘り出し物と言えない」

↓　テンプルトン卿は生涯ドケチの正真正銘のバーゲンハンターだった。92歳だった2005年には韓国の起亜株で5000万ドル以上の利益を上げ、また実際に起亜の自動車のクオリティに感銘を受けていたので代理店に出かけ実物を見て感心したが、結局車は買わずに出てきた。その理由は〝私には高すぎる〟だった。その後彼が車を欲しがっていたことを知っていた長年のアシスタントに説得されてしぶしぶ買ったのだが、巨大な成功を収めてもなお倹約好きの消費行動が変わることはなかった。

「皆、私に見通しが有望な銘柄はどれかと聞く。だがその質問は間違っている。本当は、見通しが一番暗い銘柄を聞かなければならない」

「英語で最も高くつく4語は『今回は違う（this time it's different）』だ」

「ウォール街に血が流れている時こそ最高の買い時だ。たとえ自分の血が混じっていてもこの原則は変わらない」


この本は最高です。逆張り系の投資家を自認する方であればどうしても本棚に入っていなくてはならないでしょう。ただ不思議なほど、異常なほどに知名度が低いんですね。テンプルトン卿が生涯を賭けて愛した不人気の低ＰＢＲ銘柄のごとく、この本の評価も著しく不当な低ＰＢＲに甘んじているということでしょうか？　未読の方は是非。

価値の探求者たち

ロナルド・W・チャン［著］、山本御稔、小林真知子［訳］、金融財政事情研究会・2016年

この本は12人の著名なバリュー投資家へのインタビュー集なのですが、それぞれの投資家の特徴を徹底的に、そして生き生きと、さらに特筆すべきことにコンパクトにわずかなページで見事に表現しています。「マーケットの魔術師　バリュー投資家編」と言っても過言ではない、滅多にないホームラン級の一冊ですね。

1．総論

この本はインタビュー集で、著名なバリュー投資家12人が登場しています。

全体が素晴らしいですが、特にウォルター・シュロス、トーマス・カーン、ウィリアム・ブラウン、ジャン・マリー・エベヤールのインタビューが凄いと思います。

この本のような著名投資家へのインタビュー集というのはよくありますが、驚くほど残酷に

〝著者の投資家としての力量〟が表れ出ます。具体名は書くのを避けますが、特に日本人著者による類本にはとんでもなく酷い出来のものも多くあります。

そんな中でこの本は、著者のロナルド・W・チャンが自ら香港で資産運用会社を創設しているだけあって、〝凄腕バリュー投資家〟の描出力が抜きん出ています。間違いなく超名著と言ってよいでしょう。それでは、この本で登場する投資家インタビューの中のベストオブベストの部分だけを一緒に見ていくことにしましょう。

2. ウォルター・シュロス

ここから、この本に登場するバリュー投資のレジェンド達を個別に見ていきます。

そして初回はもちろんウォルター・シュロス（1916～2012年）です。

シュロスは、バリュー投資の父であるベンジャミン・グレアムの直接の教え子&投資の片腕であり、世界一の投資家として有名なウォーレン・バフェットと同じ部屋で働き、一緒に企業の清算価値を調べていたという〝バフェットの兄貴分〟、まさに伝説の投資家です。そして、バフェットによる「グレアム・ドッド村のスーパー投資家」という彼のニックネームはあまりにも有名ですね。

〝現代に生きるレジェンド〟だったシュロスは2012年2月19日にニューヨークのマンハッタンでその95年の栄光の生涯を終えました。この本に収められた彼のインタビューは彼の体調が急変する直前の２０１２年の年初に行われたものです。まさに〝奇跡のインタビュー〟と言ってても良いですし、この一章だけで十分にこの本を買う価値があるでしょう。

「マーケットで生き残ることは、戦場で生き残ることと本質的に同じことだ。できるだけ損失を出さないようにして生き残ることさえできれば、結果的にはいくらかの財産ができているものさ。人生は短いものだから、自分に自信をもって、嫌いなことに時間を使うのではなく、好きなことに粘り強く取り組めばいい。それが財産を生んでくれるのさ。私はグレアム・ニューマン社にいた時と同じ投資手法を用いていた。すなわち、ネットーネット株＝（正味流動資産ー総負債）＞時価総額、を探していた」

ヴィンテージワインのような琥珀の味わい。95歳のシュロスの言葉は最高ですね。

時代は変わり、今のアメリカにはもうグレアム基準のネットーネット株は存在しません。古典的に分かりやすい割安株は死滅してしまったのです。ところが私達日の丸投資家が戦うここ日本では〝失われた25年〟のおかげで未だにネットーネット株がゴロゴロと存在しています。本当に有難いことですね。

「私の平均的な株の保有期間は4年から5年だ。株を買うときには、まるで日用雑貨を買うような感じであるべきだ。私は株という商品を在庫に持っている日用雑貨屋のオーナーだ。在庫の株は配当を払ってくれることがあるから、売れるまで少々時間がかかっても平気だ。待っていれば、そのうちにだれかが良い価格で在庫を買おうといってくれる。私はそのときに株を売ればいいだけだ」

シュロスのような時間軸で、そして彼の言う日用雑貨屋のオーナーのような気持ちで、この〝ネットーネット株天国〟の日本株市場でバリュー投資に打ち込めば、数年単位で見ればインデックスに負けるわけはありません。でも、多くの投資家は分かっていてもそれができず、目の前の利益確保に血眼になっています。値動きの良いファンダメンタルズ劣悪なクソ株を〝自分より馬鹿に高値で売りつければいい〟とばかりに、近視眼的な消耗戦に明け暮れているのが実情なんですね。

3. トーマス・カーン

ここで紹介するのは、トーマス・カーンです。彼は著名なバリュー投資家でこの本の前章に登場しているアービング・カーン（１９０５～２０１５年！　なんと１０９歳まで生き抜き、この本のインタビューを受けた１０６歳の時にも現役のバリュー投資家だった）の息子で、カーン・ブラザーズ・グループの社長さんです。

彼を見ると、投資家としての優れた資質というのは、スポーツ選手等と同じように遺伝するんだな、と強く思います。他にも成長株投資のパイオニアであるフィリップ・フィッシャーの息子で名著『ケン・フィッシャーのＰＳＲ株分析』で知られるケン・フィッシャーも素晴らしい投資家ですしね。

「逆張り投資家であるコントラリアンになるためには、いろいろな場面での修練が必要。投資とは科学ではなくアート。もし投資が数字や計算だけでできるものなら、理屈の上では最近のコンピュータ・プログラミング技術を用いれば、正しい評価方法を入力することで常に成功することができるだろう。でも、そうじゃない。だから、投資はよりアートに近いのだ。適切に心を保ち、企業を理解するというアートなのだ。マーク・トウェインが言うように『歴史は繰り返さないが、韻を踏む』のだ」

「投資はよりアートに近い。適切に心を保ち、企業を理解するというアートなのだ」というのは素晴らしい言葉だと思います。我々投資家は懸命で絶え間ない努力を前提として、その上でそれぞれの心の平穏を保つやり方を身につけなくてはならないということなんですね。そして私の場合はそれが、専門とし自ら編み出した〝優待バリュー株投資〟だったわけです。

「投資家はバリューのある株を保有する際には、短期的な時間軸で物事を判断してはいけない。バリュー株はその保有期間の大部分においてマーケット全体に対して後れを取ることが多い。しかし、最終的にその本当の価値が株価に反映されたとき、マーケット全体に比べて魅力的な年次のリターンに投資家が驚くこともよくあることだ。投資とは資産を増やす機会を探すことであって、伸びていく企業を探すことではない。コントラリアン（逆張り投資家）は投資妙味を、それがよりありそうにないところに求める。何が正しいのかとは聞かずに、何が間違っているのかと聞くのだ。読書をしないで投資アイデアを考え出す投資家はみたことがない。父（アービング・カーン）は何千冊もの本を読んでいた」

溢れ出す英知。バリュー投資家の末席に位置する私にとって、心震える金言のオンパレードです。そしてカーンが強調した〝読書の大切さ〟はネット全盛時代の現代では非常に軽視されていますが、私は本当に大切なことだと考えています。皆様にお読みいただいている「株式投資本オールタイムベストシリーズ」を一生懸命に書き続けているのも、私が投資家として読書を〝呼吸をするように〟大切にしていることの証明ですね。

4．ウィリアム・ブラウン

さてここで紹介するのは、ウィリアム・ブラウンです。トゥイーディー、ブラウン・カンパニーのＰＦマネージャーの著名投資家ですね。

「低取引株には特徴がある。それは、運転資本であろうが、資産の簿価（ＰＢＲ）であろうが、利益（ＰＥＲ）であろうが、どんな尺度においても非常に割安であるということだ」

これは実際にその通りです。例えば私のＰＦ超主力の一角の９０３５第一交通産業なども、超不人気市場である「福証」暮らしが長いせいで、その企業規模の大きさとは裏腹に毎日の出来高が非常に少なくなっています。そして実際、ブラウンの指摘通りに〝どんな尺度から見ても非常に割安〟なんですね。

トゥイーディー、ブラウンは、「インデックスに打ち勝つ10の方法」のなかで、「保有株から得られるリターンの80～90％は、その株を保有している全期間のうちの2～7％という短い間に稼ぎ出されている。そのほかの期間において、株はほんの少しのリターンしか生み出さない」という経験から得られた事実を示しています。

これはバリュー投資の大きな特徴ですね。私たちが手掛けるバリュー投資というのはとにかく〝なかなか結果が出ない。さらに悪いことにいつ結果が出るかもわからない〟という欠点があります。その一方で市場で人気があるモメンタム投資には〝迅速に結果が出る。さらに良いことに成功する投資の場合はすぐに報酬も手に入る〟という長所があります。まるで正反対なんですね。そしてだからこそ、バリュー投資は常に不人気なのです。

ネットｰネット株をパッケージで買って〝それらを枕代わりに抱いて、毎日をご機嫌で過ごせばそれで良い。それだけで他の99％の投資家を上回ることができる〟と頭では分かっていても、ほとんどの投資家は実践できません。でも、バリュー投資には長い歴史とそれが効果的であるという複数の高いレベルのエビデンスがあり、その正しさはここ日本でグレアム流のディｰプバリュー投資を実践されて素晴らしい投資成績を長年叩き出されている「かぶ１０００」さんの過去の素晴らしいパフォーマンスが示している通りなんですね。

ブラウンは、投資は自然科学ではなく社会科学だと考えている。「投資は人々の行動によって変化する。自然科学に見られるような普遍的な法則は投資の世界には存在しない。バリュー投資家は、みなアタラキシア（不安や気がかりを持たず、周囲の状況には目もくれずに、ひたすら泰然自若としているという症状）を患っている。みなが同じように考えているときは、みなが間違えている可能性が高い」

ブラウンの「バリュー投資家はみなアタラキシア」という指摘は面白いですね。言われてみると、世の中の凄腕バリュー投資家というのは、どこか一風変わっているというか、ちょっと浮世離れしている方が多いようにも感じています（笑）。

分散しない集中型のＰＦを好む投資家（バフェットなど）もいるが、ブラウンは将来に確かなものなど何もないというメッセージを投資家に出しつつ分散投資を徹底している。想定とは異なる動きに対する防御策として、分散が必要なのだ。「どうして25番目の銘柄にまで分散投資する必要があるのか。ベスト10の銘柄に投資することで十分じゃないかと投資家から聞かれることもある。でも、私たちは正直なところ、どれが本当のベスト10かを確実にいえるわけではない。やはり、分散しておいたほうがいいんだよ。分散投資をしておくことによって、保有銘柄に過度に固執しなくなるという副次効果もある。適度に分散をしておくと、不安を減らすことができる」

このブラウンの言葉は深いですね。バフェットの言う通りで〝分散のための分散〟には意味がなくパフォーマンスを落とすだけの最悪の投資手法であるわけですが、その一方で私たち市井の街角の投資家は天才バフェット本人ではないわけで、もしも間違った銘柄に〝竹やり特攻隊〟で集中投資してしまったら〝市場の豚の餌としてメデタク成仏〟する危険性があります。どこまで集中投資するか？　は投資家によって異なって当然であり、それぞれの哲学次第という部分があるんですね。

5. ジャン・マリー・エベヤール

今回紹介するのは、ジャン・マリー・エベヤールです。ファースト・イーグル・ファンドの運用者で、資産運用業界のプロから非常に尊敬されている一人ですね。

「私が成長株投資を楽しめなかった理由の一つは、それが世界には一貫性があり、かつ安定していると仮定していることにある。それは違う！　バリュー投資であれば、将来は不確実であるという事実を認識することが許される。大きなリターンを出すことよりも、損を避けることを第一に考えることが可能なのだ。もしバリュー投資がうまくいくのなら、もちろん私はうまくいくと考えているが、なぜバリュー投資家はこんなに少ないのだろう？　これには人間の心理が関わっている。バリュー投資家であるなら、長期投資家でなければならない。長期投資家であれば、短期的には仲間の投資家やベンチマークよりもパフォーマンスが劣ることを受け入れる必要がある。それは心理的にも金銭的にも苦しみに耐える覚悟を持つということだ。バリュー投資家は、報酬があるとしても、それがすぐに手に入るものではないこと、簡単に祝福されるはずなどないことを受け入れる必要がある。人は完全ではなく、間違う場合もあるから、謙虚でいることは大切だ」

なぜバリュー投資家はこんなに少ないのだろう？　これは私がずっとずっと昔から抱いてきた大きな疑問でした。

「バリュー投資はうまくいく」（ジョエル・グリーンブラット）わけであり、高いエビデンスレベルを持つ間違いなく有効な投資法なのに、ツイッターを見ても、ブログを見ても、そこにいるのは〝万年躁うつ病患者〟のモメンタム投資家ばかりで、どんなに探してもバリュー投資家はちっとも見当たらないのです。そして私自身も正統派の古典的なバリュー投資家ではなく、その変種でかつ亜流の「優待バリュー株投資家」です。バリュー投資手法が根源的に持つ〝苦しみの多さ〟を緩和するために、そして自らの心理状態を常にご機嫌に快適に保つために、そのようにガラパゴス的な進化（？）をするしかなかったのです。

エベヤールの言葉は〝バリュー投資家でいることの難しさ〟を端的に示していますね。

「自分の経験上、市場は効率的だという仮説を信じることはできない」↓エベヤールはラ・ビ・フランセーズという経済紙でアルバイトをしていた。そこでは、記者たちが誌面に広告を出してくれる大企業については好意的に書くのに、広告を出せない規模の小さな企業のことは辛辣に書いていた。こういったことが大企業と小企業の株価の異常な乖離につながったのではないかとエベヤールは考えている。〝小型株効果〟に関する、示唆に富んだ発言ですね。

「投資の成功は、華やかなリターンのみで決まるのではない。損失を出さないことも成功の一つなのだ」

これは大切な観点ですね。私はマックス・ギュンター直系の投資家なので、〝リスクを恐れず、勇気をもって勝負銘柄に大きな金額を賭ける〟のを信条としていますが、その一方でＰＦ主力下位にはバランスを取り、かつ心理的な安心感を得るために、「指標的に割安で業績推移が安定しておりさらに配当利回り、総合利回りが高い」銘柄群を常に意識して〝置いて〟います。２０１９年時点だと、７５５１ウェッズなんかが該当しますね。

「保有銘柄を少なめにする集中投資は上げ相場の発想だと思う。下げ相場において銘柄が少なかったら、何が起きるかわかったものではない。高い評価を得た銘柄だけに投資すればいいのではないかという質問を受けることがあるが、私自身にも何が良いかはよく分からないのが本当のところだから、やはり分散が必要だと思う。株価指数と同じほどに分散しろとはいわないが、適度な分散は必要だ」

「適度な分散」。私もこれは当然に必要だと思います。もしも1銘柄だけに全財産を集中して大敗してしまったら、それはそれは大変困ったことになるのは間違いないからですね（汗）。

6. フランチェスコ・ガルシア・パラメス

今回紹介するのは、フランチェスコ・ガルシア・パラメスです。独学で学び、スペインのコングロマリットであるアクシオーナ社の子会社、ベスティンバー・アセット・マネジメントの最高投資責任者を務めた人物ですね。

「金融機関はバリュー（割安）とグロース（成長）という分け方をしているが、それはあくまでもマーケティングのためのもの」

この表現にはハッとしました。我々投資家にとって投資の目的は利益だけであり、銘柄をバリューかグロースかに色分けすることには特別な意味はないんですね。

「人間が考えることなんてそうそう変わるものではないから、投資の世界もそれほど変わりはしないと思う。オーストリア学派がこのことをうまく説明している。どのような時代であっても、ＥＱ（心の能力の指数）はＩＱ（知能指数）よりも重要。バリュー投資は流行の先端を行くものではないが、その論理と原則をしっかりと実践していれば誤った方向に進むことはない」

「バリュー投資を実践していれば、誤った方向に進むことはない」

これはじんわりと胸が温かくなるような名言です。私も〝大体においてほぼ正しい〟バリュー投資を基本原則において、これからもこの日本株市場で楽しく戦い続けていく所存です。

7. マーク・モビアス

今回は、〝旅するバリュー投資家〟として有名な、テンプルトン・エマージング・マーケッツ・グループの上級会長マーク・モビアス。スキン・ヘッドのいかつい風貌の著名投資家ですね。

「……この失敗から私が学んだことは、投資判断をするときに決して他人のアドバイスを受け入れてはならないということだ。常に自ら学んだことに基づいて判断し、自ら収集した情報にのっとって行動する。それで状況が悪くなったとしても、少なくとも自らの失敗から学ぶことはできるからね」

これは大変に重要なことだと思います。今はツイッター全盛時代で、お手軽ないわゆる〝イナゴ投資〟が一世を風靡していますが、ただイナゴっているだけでは、投資家としての必要な経験値を積むことがまったくできないと個人的には考えています。

「テクニカル分析は有用ではあるものの、ファンダメンタル分析のほうがより重要である。ファンダメンタル分析が企業の本当の価値をとらえる唯一の手段であるからだ」

私のテクニカル分析への評価もモビアスとまったく同じです。役に立たないわけではなく、有用な局面も実際によくあるもの（特に出来高と組み合わせたＶＰＡ＝出来高価格分析）ですが、あくまでファンダメンタル分析が主である、ということですね。

一言でいえば、投資で成功するための簡単な公式など存在しないとモビアスは信じている。「ジョン・テンプルトンから学んだ大切なことの一つに謙虚さがある。謙虚であれば、新しいアイデアに対してオープンでいられるし、投資に関する調査において、より客観的でいられる。先入観がなく広い心でいれば、世の中が変化することを受け入れ、変化に後れを取らぬよう新しいことを絶えず学んでいくことができる」

謙虚であることの大切さを力説するバリュー投資家は多いですね。私自身もそうですが、投資家というのは基本的に〝自分に自信がないとやっていけない稼業〟なので、どうしても自信過剰に陥りやすいんですね。本当に自分も毎日気をつけています（汗）。「物事は変化する。重要なことは、投資家として、流動性と柔軟性を維持することである。市場は大洋や潮流のごとく波打って動いている。トップに居続けるには、膝を曲げてバランスを保ち、波に乗るしかない」

私も常にＰＦを見直し、刷新し続けることで、鮮度と総合戦闘力を保ち続けるように努力しています。

8．ティング・イック・リーエン

今回紹介するのは、１９９６年にシンガポールで設立されたロングオンリー（買持ち）の資産運用会社、ターゲット・アセット・マネジメントの創設者のティング・イック・リーエンです。「1社だけを見てよい企業だということはできない。一度に1社だけをみたところで、何も見ていないのと同じだ！　企業間の相対比較をしなければならないんだ。比較せずによいビジネスだなんて、どうやってわかるというのか」

これは本当にその通りですね。そして自然に楽しく多くの企業を相対比較し、その中で特に優れた銘柄を抽出できるからこそ、私が発明した「優待株いけす投資法」は安定したパフォーマンスを出すことができるんですね。

9．ヴィーニー・イエ

最後は、バリュー・パートナーズ・リミテッドの共同設立者のヴィーニー・イェです。

「株を売る際には必ず、売却資金を次は何に投資するのかを考える。バリュー投資の経験から学んだ最大の教訓は、ほとんどの投資家は再投資のリスクを軽く見て、きちんと分析しようとはしていないということだ。優れた投資家と普通の投資家との分かれ目は、まさに再投資のスキルにある。優れた投資家は常に再投資の準備をしていて、複利効果を働かせることができる」

これは言われてみると、私にも明白に〝再投資のリスクを甘く見る〟ところがあると思いました。ある銘柄で大勝した時に顕著なのですが、「よっしゃ、この勢いですぐ次行くよ！」と軽い見積もりで不注意に進撃し、結局大敗して撤退する、ということが過去に何度もあったんですね。今後、この自分の弱点を意識して矯正していきたいと考えています。

さてこれでこの本の紹介は終わりです。滅多にないホームラン級の一冊、未読の方は是非。

株デビューする前に知っておくべき「魔法の公式」

ジョエル・グリーンブラット［著］、藤原玄［訳］、パンローリング・2006年

この本は、現代の最高のバリュー投資家の一人として知られるグリーンブラットが、「自分の子供達に自力でお金を稼ぐ方法を教えたい」という目的で書いた本です。そのため非常に分かりやすくかつシンプルに書かれており、投資初心者の方に強くお勧めできる一冊に仕上がっています。原題の〝The Little Book That Beats the Market〟が、この本の本質を端的に示しているように思いますね。

1．前編

全編がグリーンブラットらしいユーモアに溢れた口調で語られている楽しい本なので未読の方には是非全ページを読んでほしい（薄い本なので大して時間もかからない）のですが、忙しくて時間が足りない投資家の方々も多いでしょうから、私が中でも特に良い大トロの部分を独

断でピックアップすると、「第8章」と最後の「付章」が凄いと思います。

さて、この本の中でグリーンブラットは、株式市場で継続して打ち勝つことのできる「魔法の公式」を教えてくれます。しかも、彼によれば、「公式は何年もの間機能してきており、たとえみんながそれを知った後でも機能し続ける」というのです。

なんと素晴らしいことでしょう。それならば、彼の魔法の公式さえ知れば、私達投資家は〝永遠の命〟を手に入れることができるはず、ですね♪

それではもったいぶらずに早速グリーンブラットの魔法の公式を見てみましょう。それはズバリ、「資本収益率（ＲＯＩＣ: return on invested capital）が高くて、同時に株価収益率（ＰＥＲ）が低い銘柄を順位付けして、その中で上位にランクされた銘柄を買えばよい。それだけで市場平均を圧倒的に上回る成績を出せる」ということです。驚かれた方も多いと思いますが、本当にこれだけなんですね。

そしてグリーンブラットはこの高ＲＯＩＣ&低ＰＥＲと並んで、低ＰＢＲ、低ＰＣＦＲ（株価キャッシュフロー倍率）、低ＰＳＲ（株価売上倍率）などの企業価値を重視した戦略が同じように長い期間にわたって市場に打ち勝つことを指摘しています。また同時に、これらの単純な手法は、大型株よりも中・小型株での方がはるかにうまく機能することも指摘しています。

ここは大切なポイントなので本文から少しだけ引用しておきます。

「……規模が小さすぎてプロの投資家には取得できない、またはアナリストが調査することを正当化するだけの十分な手数料収入を生み出すほど大きくない企業は無視されるか誤解されている傾向が強い。結果として、『中・小型株では割安な銘柄を見つける機会がある可能性が高い』のである。ちなみに、『魔法の公式の検証では、小型株が最も良い業績を残している」

なお、この「小型株効果」については、『バリュー投資アイデアマニュアル』の中で著者のジョン・ミハルジェビックもほぼ同義のことを激アツで語っていましたね。

すみません、ちょっと脱線しました。

でも、この本の凄さは実はこの「魔法の公式」にあるのではありません。真のポイントは別のところにあるのです。それは……。

2. 後編

この本の真の凄さは以下の指摘にあります。私は初めて読んだ時に本当に震えが止まりませんでした。なぜなら、「そうか、これが私が今までずっと追い求めていた株で勝つ秘訣、真の秘奥義なんだ！」と感じたからです。

あまりにも素晴らしいので少し長くなりますが引用します。

「……これらの単純なバリュー戦略は常に機能するわけではない。しかし、より長い期間をもって測定すると、それらの戦略は機能するのである。これらの戦略は何年にもわたり定評があるものであるが、ほとんどの個人やプロの投資家にはそれらを用いるだけの忍耐力がない。市場平均を下回る結果が長く続けば、彼らがそれを利用するのは難しく、また一部のプロの投資家にとっては現実的ではない」

つまり、「魔法の公式がそれほど優れたものではないことが幸運なのである。公式は常に機能するわけではない。実際には、何年も機能しないかもしれない。それほど長く待てる人々はほとんどいない」ということなんですね。高ROIC、低PER、低PBR、低PCFR、低PSRなどのシンプルな指標でのバリュー投資は5年、10年という時間軸では間違いなく効果を発揮する。でもこの1ヵ月、3ヵ月、1年、もしかしたら3年という単位で見るとワークしないことがある。でも、だからこそバリュー投資手法には永続的な効能がある、というのがグリーンブラットの主張なんですね。

そして彼はこの点について永遠の名著『続マーケットの魔術師』の中で、「バリュー投資は必ずしもいつも、うまくいくわけではない。短期的には、バリュー投資はうまくいかないこともある。しかも、その状態が2~3年続くこともある。それは非常に良いことです。私達のバリュー手法が一定の間うまくいかないという事実こそまさに、長期的にはうまく行く理由なのです」とも述べています。実に素晴らしい。つまり〝バリュー投資で成功するには強固で強靭な精神力が必要〟ということなんですね。私達バリュー株投資を志す者が心の底に常に刻んでおかなくてはならない名言と思いますし、私自身も常に彼の言葉を胸に抱いて毎日を戦っています。

さて名残惜しいですが、これでこの素晴らしい本の紹介は終わりです。なお、この本を読了した後は、より濃厚に、そしてさらにディープに、グリーンブラットワールドを楽しめる骨太な『グリーンブラット投資法』（パンローリング・2001年）も超お勧めの一冊となります。

ダンドーのバリュー投資

モニッシュ・パブライ［著］、船木麻里［訳］、パンローリング・2019年

この本は、タイトルに入っている「ダンドー」という謎の言葉のせいで損をしていると思いますが、その中身は間違いなく〝第一級の名作〟です。

非常に平易で分かりやすい言葉を選んで全編が綴られているのが長所です。また著者のパブライは現代バリュー投資家業界で、最も頭の良い男として知られていますが、それは彼の文章が極めてシンプルなことに端的に現れています。余分なもの＝贅肉を全て削げ落として書いてくれているのです。

1．総論

著者のパブライの言うダンドーとは「富を創造する努力」のことです。

この本が良い理由は……〝ほぼ全章が素晴らしい〟ことです。わずか２００ページ程の薄い

本ですが、私は読むのにとても時間がかかりました。中身が〝凄い密度〟だったからです。

次回からその中身を具体的に見ていきますが、ここではこの本を読んで私が感じたことを最後に箇条書きにしてまとめておきます。

・極めて平易で分かりやすい、真の意味での現代の『バビロンの大富豪』（グスコー出版・2008年）的な本である。

・バフェットやマンガーに関して、他の本ではあまり見かけなかった警句が多く、またその内容も良かった。

・パブライ自身が、バフェットの哲学を〝丁寧に分析してトレース〟した投資家であり、かつそのやり方で成功している。これはとりもなおさず「パクリュー投資」の素晴らしさを如実に示している。

2．コインの表なら勝ち、裏でも負けは小さい

著者のパブライは、「コインの表なら勝ち、裏でも負けは小さい！」などと、低リスクで高リターンの賭けにだけ参加するように、豊富な具体例を出しながら何度も教えてくれます。非常に分かりやすくて心の中に入ってきやすい名文が続くんですね。

そして〝シンプルに投資することの大切さ〟を何度も力説しています。

また効率的市場仮説に関しては、市場はおおむね効率的であるとした上で、「しかし、おお

むねであるのと完全なのとは雲泥の差なのである。そしてこの決定的なギャップこそが、バフェットがホームレスでない理由である」と述べています。

文章の隅々にまで知性と教養とユーモアが行き届いていて、読んでいて本当に感動する一冊なんですね。

3. 厳選した少数に賭ける、大きく賭ける、たまに賭ける

ダンドー（富を創造する努力）とは何か？

著者のパブライは、ダンドーとは、「厳選した少数に賭ける、大きく賭ける、たまに賭ける」に他ならないと述べています。そしてバフェットの参謀のチャーリー・マンガーのように逆にして考えてみると、〝むやみに賭ける、小さく賭ける、頻繁に賭ける〟投資家の結果は予想通り悲惨であると言います。本当にその通りですね。

飛び抜けて良い本と思います。

ケン・フィッシャーのＰＳＲ株分析

ケン・フィッシャー［著］、鈴木一之［監修］、丸山清志［訳］、パンローリング・2009年

私がこの本から得た最大の宝物は、グリッチ（成長企業が初期の頃に経験する経営上の挫折）という概念でした。ケン・フィッシャーは真の、そして孤高の天才ですね。

1. 総論

成長株投資のパイオニアであるフィリップ・フィッシャーの息子として知られていますが、彼はただの〝著名投資家のボンボンの2世〟ではありません。それどころかこの本はとんでもない名著です。ちなみに彼には数冊の邦訳本がありますが、その中でもこの本の魅力は突出しています。

私は２０１５年にちょっとしたきっかけで、これまでの投資家経験の集大成の意味も込めて、ブログで「株式投資本オールタイムベストシリーズ」を始めたのですが、その時に自分の投資

家としての明白なエッジ（優位性）を形作ってくれているいくつかの〝神本〟については、ブロックし秘密にして予めランキングから除外することを決めていました。

株式投資の世界というのは本当に厳しいところですし、率直に言って私は自らの首をあまり絞めたくなかったのです。もっと言うと、そもそもこのシリーズの構想自体は何年も前からずっとあったものの、「自分の投資家としての人に知られたくない秘奥義を開示することになるので、やっぱり止めておこう」と思ってこれまで書いてこなかったということもありました。

そしてこの『ケン・フィッシャーのＰＳＲ株分析』は、〝隠していた、ブロックしていた最高傑作〟の一冊です。ではなぜこのタイミングで紹介することにしたかというと、あまりにも良い本で自分が頻繁に参照しているせいで他の本を紹介するときに期せずして既に何度も言及してしまっており、隠している意味がもはやまったくないことと、本のエッセンスをウェブ上にアップしておいた方が自分が後で何度も読み返すのに便利だな、と考えを改めたからです。

なのでこの本は29位として登場していますが、本当はトップ20入りしていますし、今この章を書いているパソコンから０・２秒以内で手に取れるところにいつもあります。定価が２３００円とパンローリングの本としては非常に安かったのですが、同社の本を大量に読んできた私としては、これは多分価格設定を間違えたのだと思います。「素晴らしい内容だし、定価５８００〜７８００円くらいが妥当だな」と感じています。

〔編集部注〕現在は電子書籍版で販売中です。

図表1.1　利益減少と共に発生する売上のグリッチ

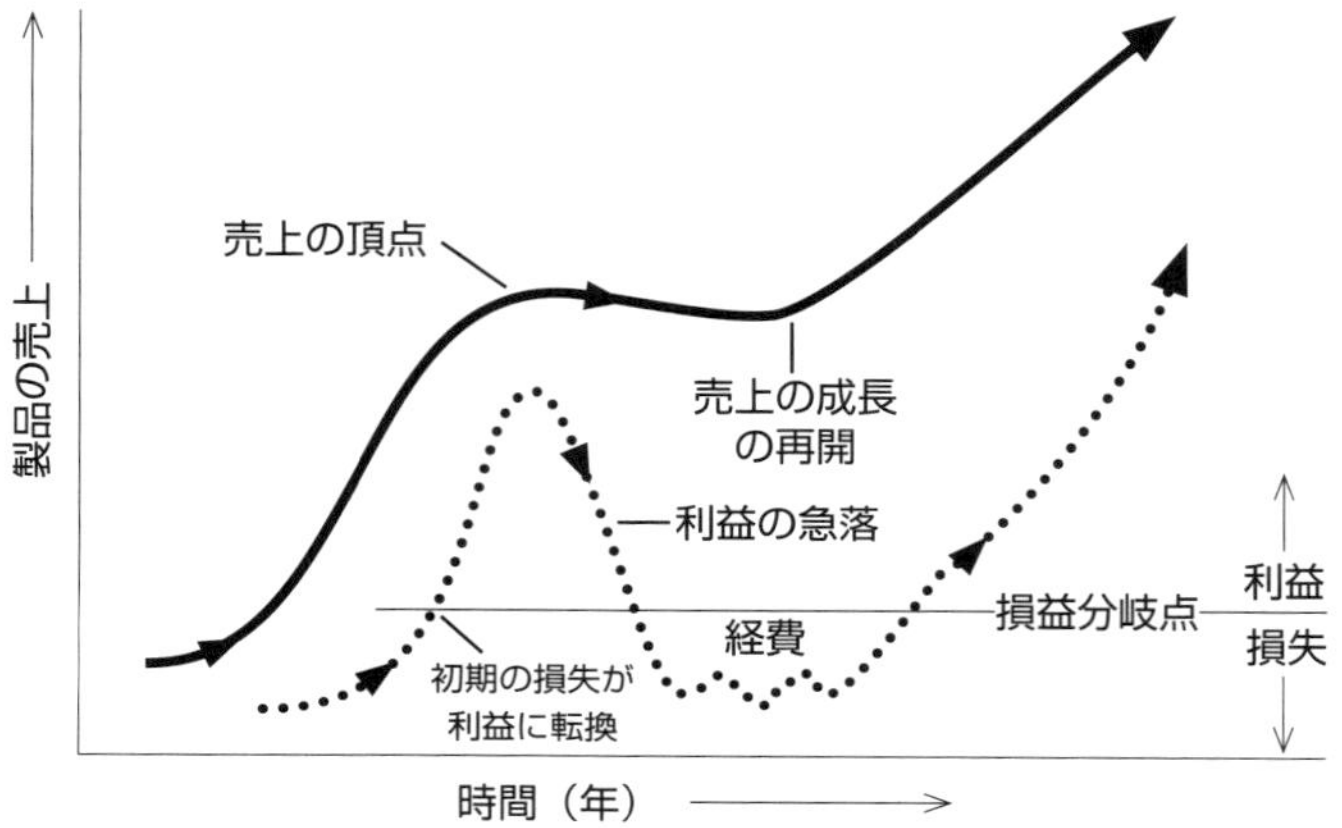

2. グリッチでリッチになろう

それでは実際に本の中身を見ていきましょう。本書の鍵は「グリッチ」にあります。

ケン・フィッシャーは、「グリッチがなければ成長株とは言えない」と強調しています。そして「偉大な成長を遂げる小さな成長企業にはグリッチがつきもので、グリッチを見つけ出して投資することによってのみ、株式投資で大きな資産を築くことができる」と説いています。

そして表で見ると、グリッチとは図表1・1のような概念となります。

このグリッチという概念を心の中に持つことは、〝利益を上げていない成長株を合理的に評価する〟ために絶対に必要なことです。

そして彼は、数年で数倍になる「スーパー株式」の本質とは、金融界で本当に良くないと信じられているグリッチの時期にそのスーパー企業を買うことであると述べています。そして、これはウォール街のほとんどの人が魅力を感じなくなるほどの大きな間違いを経営陣が起こした後に買うことを意味すると言っています。

「尋常でないリターンを上げるためには従来のアプローチを用いてはいけない、私の会心の買いのほとんどが、損失を出しているか、収益がごくわずかなためにＰＥＲが意味を成さないか、外見上ＰＥＲが無限となっている会社に投資したときであった」。本当にその通りだと思いますね。そして具体的に言うと、不祥事連発で虫の息だったけれども、そんな時期でも実際の店舗にはいつでもたくさんのお客さんのいた数年前の３０５３ペッパーフードサービスがまさにグリッチだったと思います。

そして人はグリッチの悪口を言うものなんですね。市場で「言葉を尽くして悪態を突かれている」銘柄群の一部に本当の宝物が眠っているのは厳然たる真実だと思っています。

3. 真のコントラリアン

さてケン・フィッシャーが愛している　ＰＳＲ（Price-to-Sales-Ratio：株価売上倍率）は、変動率が非常に少ないという利点を持つ指標であり、名著『ウォール街で勝つ法則』（パンローリング・２００１年）でも最も力のある指標の一つとして賞賛されていたものです。

また「真のコントラリアン（逆張り投資家）」のケン・フィッシャーには、心に残る名言が多いことも強調しておきたいです。具体的にいくつか見ておきましょう。

「市場とは、人に謙遜の美徳を教える、神の最高のメカニズムのひとつである」

くー、私も過去、成績良好で天狗になった時には必ずと言ってよいほど、市場にその鼻をバキッと折られてきました。彼の言葉は真実だと身をもって体感しています。

「赤字会社は、たとえそれが短期であっても金融界では犬小屋行き」

鮮烈かつ真実を射抜く、天才の皮肉屋ケン・フィッシャーらしい素晴らしい表現ですね。

「まさに株価が下落している今こそ、経営陣の間違いを許容すべきとき」

これは凄い発想です。時間軸を延ばして考えれば〝まさに至言〟となることも多いですね。

この本は紛れもない名著です。かなり古い本（１９８４年刊）で、全体の20％くらいに〝時を超えない〟部分がありますが、トータルで見れば本当に凄いと思います。あまりにも素晴らしい本なので本当は紹介したくなかったですが、隠しても仕方ないので記事にしました。もしかするとその内にブログの方では非公開に変更するかもしれませんが、ご了承下さい。

P.S.【章の最後に一言】

以上、「バリュー投資」に関する名著の中の〝ベストオブベスト〟をギュッとコンパクトにして紹介しました。創始者のグレアム以来80年以上の歴史があるバリュー投資は、複数の信頼性の高い論文で有効性が証明されていますが、また数多くのスーパースターを生んできたんですね。

第2章
モメンタム投資のための11冊

♛ウォール街のモメンタムウォーカー

ゲイリー・アントナッチ［著］、山下恵美子［訳］、パンローリング・2015年

本書には、「バリュー投資」に並ぶ素晴らしい手法である「モメンタム投資」の実際のやり方、過去にそれを利用して成功した投資家達の高いレベルからの概説、有効性についての科学的でエビデンスレベルの高い分析、人間の行動バイアスに根ざしているから優位性が永続するのだという説得力のある考察、が網羅されています。

モメンタム投資の教科書であり同時に決定版とも言える、まさに新たな金字塔となる歴史的名作ですね。

1. 総論

辛口で知られる監修者の長尾慎太郎氏はこの本のまえがきで、「株式投資において有効なリスクファクターとしてはバリュー（企業価値評価）、サイズ（時価総額の大きさ）などが知ら

れているが、アントナッチはそれらと独立したファクターとしてモメンタム（運動量）があり、長期的に安定的な収益が得られることを示している。反証可能性に欠ける非科学的な投資商品が蔓延する中、アントナッチが紹介したデュアルモメンタム投資は、例外的に再現性や論理的整合性を備えた科学的な投資手法である」と激賞しました。

また、〝Quantitative Value〔クオンティタティブ・バリュー〕〟〝Quntitative Momentum〔クオンティタティブ・モメンタム〕〟の著者ウェスリー・R・グレイは、「モメンタム投資はバリュー投資より優れているとは言えないまでも、同じくらいにトップレベルのアノマリーである。『古典』がいっぱいのバリュー投資に比べると、モメンタム投資には古典はないが、アントナッチの本は古典になるにふさわしい風格がある」と述べました。

この本は2015年8月に日本語版の初版が発売されました。私は発売後しばらく経ってから複数の凄腕投資家が〝絶叫レベルで激賞〟していることに気付き、とりあえずアマゾンで購入しました。が、「株式投資本オールタイムベストシリーズ」のランキング編成と下書きに追われ、読み終わったのはその年の11月のことでした。読了後にすぐに感じたのは〝この数年で新しく読んだ株式投資本の中で最も衝撃と感銘を受けた〟ということでした。そして今、以下の2点を断言できます。

1．今新たに「株式投資本オールタイムベストシリーズ」を書き始めるとしたら、ベスト10入賞は間違いない名作。

2.モメンタム投資にバリュー投資と同等以上の統計学的な優位性があることは以前から知られていました。具体的に言うと、『ウォール街で勝つ法則（原題：What Works on Wall Street）』の中で著者のジェームス・P・オショーネシーが、低ＰＳＲ（株価売上高倍率）と高ＲＳ（レラティブストレングス＝モメンタム）の２つが全投資戦略の中でトップ２のリターンを生むとすでに15年以上前に指摘していました。ただそれをデータを基に高いレベルから俯瞰して徹底解説した決定的な本が今までありませんでした。

この『ウォール街のモメンタムウォーカー』は、霧とベールに包まれていたモメンタム投資の素晴らしさを数百を超える論文と文献を基としてあまねく解き明かした歴史的傑作です。

それでは、〝邦題の紛《まが》い物感〟が残念でたまらない、この革命的名著について詳しく見て行きましょう。

2.なぜモメンタム投資は有効であり続けているのか？

ここではまず「モメンタムって何？」というお話から。モメンタムとは、一言でいえば〝株価の勢い〟のことです。つまり、騰がっている株はそのまま上がり続けることが多いし、下がっている株はそのまま下がり続けることが多いということです。

そしてアントナッチは徹底的な文献精査を通じて、モメンタムはあるゆる市場で、そして同時に時を超えて通用することを証明しました。

また、「バリュー、サイズ、カレンダー効果といったアノマリー（効率的市場仮説を超える結果を引き起こす状況）は市場で知られるにつれてその効果が消えるか弱まっていくのに対して、モメンタムだけは発見されたあとも持続している」ことも指摘しました。

そしてこのようにモメンタムが常に有効であり続けている理由について、「モメンタムによる利益はアンカリング、群れ行動、ディスポジション効果といった、人間の根深い『行動バイアス』によるものだから」であると述べています。

具体的には、アンカリング（特定の情報を重視しすぎるため、新たに有力情報を手に入れても考え方をなかなか変えられなくて判断が遅れること）は、投資家の新しい情報に対する反応を遅らせ、過小反応を誘発する。

その後、群れ行動（バンドワゴン効果。人と群れをなそうという行動。横並びを好むこと）によって買いは買いを呼び、価格は最初の過小反応から逆に、過剰反応を引き起こしてファンダメンタルの価値を超えた動きをする。

また、ディスポジション効果（利益を確定するために勝ちトレードを早く売りすぎたり、トントンになることを期待して逆に負けトレードにしがみつく傾向のこと）は、勝ちトレードを早く手仕舞いしすぎ、負けトレードは長く保有するという現象を引き起こす。これは逆風を生むために、トレンドは真の価値に達するまで長く続く（一部みきまるが読みやすいように文章に〝やわらか加工〟と難しい単語に注釈を施して改変）ということです。

非常に説得力のある意見ですね。

3．モメンタム投資の偉人達を俯瞰する

著者のアントナッチは、過去の歴史的な大投資家達がこの「モメンタム投資」手法を使って大成功を収めてきた、ことを次々と明らかにしていきます。

そして100年前の大投資家のジェシー・リバモアの「株というものは、買い始めるのに高すぎるということはないし、売り始めるのに安すぎるということもない」という名言がモメンタムの考え方そのものであること、CAN－SLIMで有名なウィリアム・オニールの考え方についても、モメンタムのプレーブックからそのまま抜き出してきたようなアイデアであると、素敵な上から目線（笑）で端的に論評しています。

また世界的なトップダンサーで独学で投資を勉強して成功を収めたことで知られるニコラス・ダーバスの伝説の「ボックス理論」についてもモメンタム投資そのものであると指摘しています。ちなみにリバモア、オニール、ダーバスの名著についてはこの後でじっくりと解説する予定です。

こうして見ると、彼らが成功できたのは強力に有効に作用する「モメンタム投資手法」を使っていたからこそである、ということもできると思います。多くの実際の成功者を輩出した極めてエビデンスレベルの高い素晴らしい投資法なんだなあ、ということを改めてしみじみと実感しますね。

4．モメンタム投資とは何か？

モメンタム投資とは簡単に言うと、上昇トレンドにある銘柄を買ってトレンドが続く限り持ち続ける、そしてトレンドが消失したら売る、というやり方です。

そして著者が提唱している手法は具体的には、「過去1年にわたって株式市場が上昇していれば株式に投資し続け、下落していれば株式を売って安全な短期債に乗り換える」。これだけです。拍子抜けしますね。皆様ちょっとビックリしたのではないでしょうか？　でも、本当に有効な投資手法というのはシンプルで簡単なものなんですね。逆に言うと、複雑すぎる手法では荒れ狂う株式市場の時の試練を越えられない、ということでしょう。

彼は自分の投資法を宝石になぞらえてＧＥＭ（グローバル・エクイティ・モメンタム）と呼んでいます。ただこのセンスはちょっと溢れる自信を表に出しすぎ〝親父ギャグ的〟でイマイチかな？　と思います。１００点満点で17点くらいですね。

そしてこのＧＥＭによって実際に市場平均を圧倒的に上回るパフォーマンスをたたき出すことができることを実証しています。

そして「高い期待リターンと低いリスクを同時に達成するために、相対モメンタムと絶対モメンタムの組み合わせである新しい投資パラダイム＝デュアルモメンタムが有効」であると述べています。

ここでアントナッチの用語について説明を加えておくと、「相対モメンタム」というのは、例えば日本株とアメリカ株のルックバック期間（著者は、検証の結果12ヵ月が一番と言っています）におけるリターンを見ます。そして、リターンの高い方（相対的に強いもの）に投資するということです。

また「絶対モメンタム」というのは、ルックバック期間（12ヵ月つまり1年前）より株価が上がっているのか、下がっているのか、つまり上昇トレンドなのか下降トレンドなのかを見ます。そして、上がっている、超過リターンがある時を〝絶対モメンタムが正〟と定義し、正の場合のみ投資する、ということです。そして、絶対モメンタムが負になったら、安全な債券に切り替える、という手法です。

「相対モメンタムを使って最高のパフォーマンスを上げる資産を選び、絶対モメンタムを使って絶えず変化する市場状態に適応することで市場のダイナミズムに波長を合わせる。適応こそが長期的な成功と生き残りへの道である」

「バリュー投資」に並ぶ素晴らしい手法である「モメンタム投資」の実際のやり方、過去にそれを利用して成功した投資家達の高いレベルからの概説、有効性についての科学的でエビデンスレベルの高い分析、人間の行動バイアスに根ざしているから優位性が永続するのだという説得力のある考察。本当に素晴らしいですね。

5. フレッシュモメンタムとリターンリバーサル

アントナッチはこの著書の中で我々逆張り投資家にとって興味深い「フレッシュモメンタム」というものについて言及しています。

これはチェンらが２００９年に発表した論文で取り上げたもので、１９２６年から２００６年までの米国株について、フレッシュウィナー（直前の12ヵ月は最も強かったがその前の12ヵ月は比較的弱かった株）が、ステールウィナー（直前の12ヵ月もその前の12ヵ月も強かった株）を１ヵ月あたりで０・４３％アウトパフォームした事象、のことです。

つまり、新しくモメンタムを獲得した銘柄は滅茶苦茶強い、ということですが、これは我々逆張り投資家の利益の源泉であるリターンリバーサル（ＲＲ）効果にも一脈繋がるアイデアなのではないか？　と考えています。

ここで一応用語の説明をしておくとＲＲとは、一時期に市場平均よりも低迷していた株は、その後の期間では逆に市場平均を上回る株価になる、というものです。ビッグチェンジで有名なジム・ロジャースや、〝逆張りの伝道師＆国際分散投資の始祖〟として知られ、我々逆張り系の投資家にとってはまぶしすぎる永遠の憧れの存在である、ジョン・テンプルトンが多用して大きな成功を収めたことが知られています。

私は〝ある理由から株価が低迷しているが、近い将来に株価が高い確率で反転すると見込んでいる〟銘柄群をポートフォリオ（ＰＦ）上位に据えているのですが、これもＲＲとフレッシュモメンタムの効果を期待してのものと言うこともできるなあと思いました。ま、いずれにせよ、これからもバリュー株として買い、グロース株として楽しくホールドし、モメンタムの消失と共に静かに去ることで戦って行きたいと考えています。

さてこれでこの本の紹介は終わりです。モメンタム投資の教科書であり同時に決定版とも言える、まさに新たな金字塔となる歴史的名作です。これから末永く参照しながら、楽しく何度も読み返して行きたいと考えています。

♛ウォール街のモメンタムウォーカー　個別銘柄編

ウェスリー・R・グレイ、ジョン（ジャック）・R・ボーゲル［著］、山下恵美子［訳］
パンローリング・2017年

最初に読んだ時、私は〝モメンタム投資に関して残っていた疑問の霧が自分の中でみるみる晴れていく〟のを実感すると同時に、「この本は、現時点で私の投資家としての明白なエッジ（優位性）に繫がる神本だ。できれば誰にも紹介したくない。秘密にしておきたい」とも感じました。

まあ結局はこうやって紹介したわけですが、世の中にこんなに素晴らしい本が存在することが２０１８年の今現在でも信じられないほどの名著です。これから「株式投資本オールタイムベストシリーズ」を書くとしたら、ベスト20は当確で、もしかするとトップ10に入るかも？という珠玉の作品ですね。

1．総論

２０１７年11月３日初版第１刷発行の最新刊ですが、その出来ばえの良さ、メッセージの重要さはタダごとではなく、多くの有力書籍を押しのけて、「株式投資本オールタイムベストシリーズ」第61位で緊急登場しました。

最初に読んだ時〝正直、この本はできれば誰にも紹介したくない、秘密にしておきたい〟と感じたことは言いました。ただ私は「株式投資本オールタイムベストシリーズ」を開始した時に、「今後は良い本を以前のように秘密にするのではなく、逆に自らが持つ力を極限まで振り絞って多くの書評を書き、その勉強の過程とブログで公表するという高いプレッシャー&緊張感を通じて、投資家としてさらに一段大きく成長することにしよう」と決めていたので、この項もルールに従って仕方なく書くことにしました（汗）。それでは始めます。

と、その前に、「モメンタム投資って何なん？」という投資家の方々もたくさんいらっしゃると思うのですが、そういう方はモメンタム投資総論となる、２０１５年発売の歴史的金字塔である『ウォール街のモメンタムウォーカー』の書評を先にご覧下さい。

つまり今回紹介する本は、アントナッチの神本の〝続編&各論〟的な性格を若干帯びているということなんですね。ただし念のために申し添えておくと、この2冊は著者も別ですし、その内容もまったく１９５度くらい異なります。

そしてこの2冊〝Dual Momentum Investing〟と〝Quantitative Momentum〟の不可思議な邦題には、出版社パンローリングの「インデックス投資家のバイブルとしてあまりにも高名な『ウォール街のランダム・ウォーカー』と似た書名にして注目を集め、多くの投資家に売り捌こう」

という意図が見え隠れします。2冊ともとてつもなく素晴らしい内容なので、〝C級のジャンク品の紛い物〟のようなネーミングを個人的には非常に、涙が出るほど残念に思っています。

2. モメンタムとバリューの出所は本来同じ

さて辛口で知られる監修者・長尾慎太郎氏は、「20世紀後半に月探査機が飛ぶまで人類がダークサイドムーンを見ることができなかったのと同様に、CAPM《キャップエム》（資本資産価格モデル）をはじめとした既存の理論体系に勇気をもって異議を唱え多角的な分析を行う著者たちのような人々が現れるまで、株式投資の世界ではモメンタムの真実に光が当てられることはなかった。モメンタムとバリューの出所は本来同じであり、それらは人間の持つ行動バイアスの表と裏の関係にある（バリュー投資の機会は悪いニュースに対する過剰反応から生じ、モメンタム投資の機会は良いニュースに対する過小反応から生まれる）ゆえに、『モメンタム投資とバリュー投資とは直交しており、PF内で互いに高度に補完し合える』ことを示したことには大きな意義がある」と激賞しました。

そして私の個人的な感想を早くもここで述べさせていただくと、この本は私が数年前に思い付いてその後ブラッシュアップし続けてきた、現在の自分の投資理論の根幹を成す「バリュー↓モメンタム戦略」の新たな理論的依拠ともなる超重要作である、ということでした。

さてまず目次を見ておきましょう。

「第1部　モメンタムを理解する」は、正直に言って捨てページがまったくない、読み出したら感動で震えの止まらない凄まじい出来です。

一方、第2部は（著者たちはこの第2部の方こそがメインディッシュと考えているようでしたが）実験的な、仮説的な理論展開が多くて、私の目には全体としてはややクオリティが落ちるように映りました。ただし、その一部にとんでもなく良い部分もありました。なお、この第2部の〝大トロ〟の部分だけは今回の書評ではカットさせて頂いています。私も投資家としてこれからもずっとご飯を食べていかなくてはならないので、どうかご了承ください（汗）。

さて、それでは次回から、いよいよ本文を見ていくこととしましょう。

3．バリュー投資とモメンタム投資はコインの表と裏の関係

まずはある意味でこの本の〝まとめ〟となっており、非常に出来の良い「序文」から見ていきます。

「モメンタムは、あなたのおじいさんでも理解できるシンプルな戦略だ――『強いものを買え』ということだ。モメンタムは公然の秘密なのだ。過去に強かったものを買うという戦略は200年以上に及ぶ成功の歴史を持つ。これは効率的市場仮説（ＥＭＨ）に大きな打撃を与えた」

「じゃあ、みんなモメンタム投資家になれば良いじゃないか。でも、これを阻む理由が2つある。1つは、投資家達には根深い行動バイアスがあるため、アンチモメンタムトレーダーにな

ってしまうこと。もう1つは、モメンタムを利用したいと思っているプロにとって、市場の制約によってモメンタム投資に踏み切れないということだ」

「バリュー投資の場合、この予測エラーは大概の場合はネガティブなニュースに対する『過剰反応』として現れる。一方、モメンタム投資の場合、予測エラーは意外にもポジティブなニュースに対する『過小反応』ととらえられることが多い。つまり、バリュー投資とモメンタム投資は同じ行動バイアスのコインの表裏一体の関係にある」

この序文、凄くないですか？

つまり、バリュー投資とモメンタム投資は対立する概念ではなく、同じものを違う角度から見ているだけ、ということなんですね。私はこの序文を読んだ時に、全身に鳥肌が立ち、同時に一気に頭の中の霧が晴れる思いがしました。さらに言えば、〝私達バリュー投資家はコインの片面しか見ていない〟ということでもあるんですね。

4．バリュー投資という宗教

さて今回は、とても挑発的で刺激的な、「第1章　宗教よりも理性を」を見ていきましょう。「テクニカル分析を使って成功してきた実践家が数多く存在し、ファンダメンタルズアプローチ、つまりバリュー投資を裏付ける研究よりもテクニカル分析を裏付ける優れた学術研究が多く存在するというのに、グレアム、マルキール、バフェット、クラーマンたちがこれほどテクニカル分析に否定的なのは驚くべきことである。『バリュー投資という宗教は今も健在』なのである」

いやあ、最後の一文は我々バリュー投資家にとっては強烈ですね。

「ウォーレン・バフェットは、バリュー投資はテクニカル情報とは無関係に機能することを身をもって示した。しかし、スタンレー・ドラッケンミラー、ジョージ・ソロス、ポール・チューダー・ジョーンズもまたテクニカル分析がうまくいくことを身をもって示した。数多くの学術研究は、ファンダメンタルズ戦略（例えば、バリューやクオリティー）も、テクニカル戦略（例えば、モメンタムやトレンドフォロー）も両方ともうまくいくという証拠を示している」

「証拠に基づく投資家は、ファンダメンタルズ戦略とテクニカル戦略は同じコインの表と裏の関係にあるため、両方とも機能すると結論付けるだろう。これら2つの戦略は親戚関係に当たる。なぜなら、これら2つの戦略の共通の目的は、バイアスのかかった意思決定に影響される市場参加者の貧弱な意思決定を利用することだからである」

「私達は互いから学び合うべきだ」

この第1章は私にとって衝撃でした。確かに自分は〝バリュー投資という宗教〟の信者なんだなということをはっきり自覚できましたし、コインの裏側（モメンタム投資家から見ると表側）も見ることで、投資パフォーマンスはさらに改善できるし、また絶対にそうしなくてはならない、と固く決意しました。そして、〝我々バリュー投資家にとって、モメンタム投資は敵ではなく、血の繋がった、顔立ちのよく似た親戚のおいちゃんなのである〟ということもよう

図表2.1　バリュー投資対成長株投資（1927～2014年）

	バリューポートフォリオ	成長株ポートフォリオ	S&P500
年平均成長率	12.41%	8.70%	9.95%
標準偏差	31.92%	19.95%	19.09%
ダウンサイドリスク	21.34%	14.41%	14.22%
シャープレシオ	0.41	0.35	0.41
ソルティノレシオ（最小受容リターン＝５％）	0.54	0.37	0.45
最大ドローダウン	-91.67%	-85.01%	-84.59%
最悪の月のリターン	-43.98%	-30.65%	-28.73%
最良の月のリターン	98.65%	42.16%	41.65%
利益の出た月の割合	60.51%	59.09%	61.74%

やく腹の底から理解することができましたね。

5. 真のバリュー投資はほとんど不可能

ここでは、「第2章　アクティブ投資戦略が機能するわけ」を見ていきましょう。

「長期的にはバリュー株が成長株を大幅にアウトパフォームしたという実証的事実を否定できる者はだれもいない」

図表２・１の通り、１９２７～２０１４年の長期成績を見ると、バリュー株が12・４１％、成長株が８・７０％、Ｓ＆Ｐ５００が９・９５％とその差は歴然ですね。

それではなぜ、多くの投資家が実際にはバリュー投資を継続できないのでしょうか？　本文の続きを見ていきましょう。

１９９０年後半、バリュー投資家は市場に打ち砕かれた。一般的なバリュー投資は６年にわたって株価指数を大幅に下回ったのである。

バリュー投資家であり続けるには、忍耐力と、多くの

図表2.2　市場をアンダーパフォームしたバリュー投資（1994～1999年）

	バリュー株	成長株	S&P500	ラッセル2000
年平均成長率	18.35%	27.71%	23.84%	13.39%
標準偏差	11.79%	16.53%	13.63%	16.96%
ダウンサイドリスク	7.59%	11.25%	10.50%	14.27%
シャープレシオ	1.09	1.28	1.30	0.55
ソルティノレシオ（最小受容リターン＝５％）	1.66	1.87	1.67	0.64
最大ドローダウン	-11.58%	-16.33%	-15.18%	-29.78%
最悪の月のリターン	-8.62%	-14.92%	-14.31%	-19.42%
最良の月のリターン	8.05%	10.69%	8.04%	11.32%
利益の出た月の割合	68.06%	70.83%	73.61%	66.67%

投資家が持ち合わせていない信念が必要なのは明らかだ。理論的にはバリュー投資は簡単だ。安い株を長くバイ・アンド・ホールドするだけでよいのだから。しかし、実際には真のバリュー投資はほとんど不可能なのである。

確かに１９９４～１９９９年の６年間で見ると、バリュー株は成長株はおろか、Ｓ＆Ｐ５００にすら負けています（図表２・２）。これはとてつもなくキツイ、ですね。

つまり、現代最高峰の著名バリュー投資家であるジョエル・グリーンブラットが、超名著『続マーケットの魔術師』の中の印象的なインタビューで喝破した通り、「バリュー投資は必ずしもいつも、うまくいくわけではない。短期的には、バリュー投資はうまくいかないこともある。しかも、その状態が2～3年続くこともある。それは非常に良いことだ。私達のバリュー手法が一定の間うまくいかないという事実こそまさに、長期的にはうまく行く理由である」ということなんですね。

図表2.3　モメンタム投資のパフォーマンス（1927～2014年）

	モメンタム株	バリュー株	成長株	S&P500
年平均成長率	16.85%	12.41%	8.70%	9.95%
標準偏差	22.61%	31.92%	19.95%	19.09%
ダウンサイドリスク	16.71%	21.34%	14.41%	14.22%
シャープレシオ	0.66	0.41	0.35	0.41
ソルティノレシオ（最小受容リターン＝５％）	0.79	0.54	0.37	0.45
最大ドローダウン	-76.95%	-91.67%	-85.01%	-84.59%
最悪の月のリターン	-28.52%	-43.98%	-30.65%	-28.73%
最良の月のリターン	28.88%	98.65%	42.16%	41.65%
利益の出た月の割合	63.16%	60.51%	59.09%	61.74%

6．モメンタム投資はパフォーマンスキング

ここでは、なぜモメンタム戦略は機能するのかについてを見ていきましょう。

データを見ればモメンタム投資が機能することは明らかだが、なぜなのかははっきりと分からないのです。

モメンタム投資には、未だに解明されていない謎がたくさんあるんですね。

ほうほうほう、どれどれ（図表２・３）。どひゃー。

１９２７～２０１４年の長期パフォーマンスで見て、モメンタム株は、バリュー株、成長株、株価指数を大幅にアウトパフォームしている。モメンタム株ＰＦの年平均成長率が16・８５％であるのに対して、成長株ＰＦの年平均成長率はわずかに８・７０％で、その差は８ポイント強。また、私達が専門とするバリュー株の12・４１％をも遥かに上回る驚異的な成績となっています。

なぜモメンタム戦略が学術研究者たちにトップアノマリ

ーであるとみなされたのかは、この差を見れば歴然。一つだけはっきりしているのは〝モメンタム投資はパフォーマンスキング〟であるということです。

リバモア、ダーバス、オニール、タートルズ、ミネルヴィニ、スタイン、多くのＳ級モメンタム投資家達が驚異的なパフォーマンスを叩き出すことができたのは、彼らの才能が傑出しており同時に幸運だったからだけではなく、このようにモメンタム株がバリュー株を圧倒的に超える実績を持つからこそ、なんですね。なおこれに関連して、私のブログに、「凄腕モメンタム投資家を見てみよう　２０１８年編」という超人気記事があるので、未読の方は是非本書と合わせてご覧下さい。https://plaza.rakuten.co.jp/mikimaru71/diary/201809220001/

さて、著者らの〝モメンタム投資の謎〟を巡る思索は続きます。見ていきましょう。

「バーベリスたちは、バリュー投資とモメンタム投資は互いを映し出すバイアスによって生じると結論付けている。前にも述べたように、バリュー投資は過剰反応によって生み出される。これとは対照的に、モメンタム投資は過小反応によって生み出される」

「株価が上昇して、新たなファンダメンタルズ情報を完全に反映するまでにはかなりの時間がかかる。この行動がモメンタム投資である」

「私たちは投資家として、とにかくそれが機能することだけを理解していればよい。とにかく、モメンタム投資は機能する」

つまり、２０１７年の現段階では、どうしてモメンタム投資のパフォーマンスがここまで驚異的なものなのかについては100%は学術的に解明されていない、ということです。

ただ、私が感じたのは、モメンタム投資の秘密の全てが解き明かされたときには、きっとモメンタムはその魔法の光を失うんだろうな、ということでした。

私達が愛する不可思議なこの株式投資の世界では、本当に価値のあるもの、ピカピカと光り輝くものは、完全に言語化することはできないんですね。

7．モメンタム投資は成長株投資ではない

今回は素晴らしい出来である「第3章　モメンタム投資は成長株投資ではない」を見ていきましょう。

私も以前から強く感じていたのですが、モメンタム投資と成長（グロース）株投資は同じもの、もしくは非常に似たものとして一般に混同されているように思います。例えば、マーク・ミネルヴィニの傑作〝Momentum Masters〟は邦題が『成長株投資の神』となっていますが、これは完全に間違った邦題の一例です。なぜなら、この本は徹頭徹尾モメンタム投資の哲人達がモメンタム投資について激アツで語る本であり、成長株投資について語っている本ではまったくないからです。

パンローリングは素晴らしい投資本を多く邦訳してくれている素敵な出版社ですが、以前からその邦題の付け方には（恐らく確信犯でしょうが）大きな問題があります。この本の正しい

邦題は「モメンタム投資の神様たち」くらいが適当であると個人的には考えています。

またもや脱線してしまいました。

それではいよいよ本文を見ていきましょう。

「まず、はっきりさせておかなければならないことは、モメンタム投資は成長株投資ではないということである。成長株投資は、過去のファンダメンタルズ（例えばＰＥＲ）に対して株価の高い証券を買う戦略だ」

「モメンタム投資は、ファンダメンタルズとは無関係に、ほかの証券とのクロスセクションでの相対パフォーマンスが高い証券を買う戦略だ」

「例えば、モメンタム戦略では、ほかの株式に対する過去12ヵ月の累積リターンを見るが、収益やそのほかのファンダメンタルズ統計量は分析には含めない。モメンタム投資では価格が全てなのだ」

「成長株投資とモメンタム投資が同じであると考えないようにするためには、モメンタム投資を特徴づけるシグナル（つまり、価格のみ）と成長株投資を特徴づけるシグナル（ファンダメンタルズに対する株価）の違いを理解することが極めて重要だ」

「高モメンタムＰＦの銘柄と成長株ＰＦの銘柄とではオーバーラップしているのは21％しかない。つまり、モメンタム株の多くは成長株ではないということであり、成長株の多くはモメンタム株ではないということである」

この第3章のモメンタム株と成長株の違いについての説明は非常に分かりやすかったですね。私もよく覚えておこうと思います。

そして私が同時にハッと気付いたのは、モメンタム株であると同時にバリュー株であるということはあり得るんだ、ということでした。

そして私はこれからも〝モメンタム＋バリューな銘柄〟を一生懸命探し続けていこう、と改めて決意しました。

8. モメンタム戦略は危険すぎる

ここでは、このようにトップアノマリーであるモメンタム戦略をなぜスマートマネー（大口投資家）が裁定に使っていないのか？　について述べた部分を中心に見ていきましょう。

「モメンタム投資は常に機能するわけではなく、大失敗することもある。こうした厳しい現実を考えると、スマートマネーがモメンタムプールにつま先をあまり深く入れ込まないように注意しているのは納得がいく。『モメンタム戦略は危険すぎる』のだ」

「モメンタム戦略はときにはあなたの富に危険を及ぼすこともある」

確かに２００８～２００９年のモメンタム株の成績の劣悪さは際立っていますね（図表２・４）。

「モメンタム戦略を利用するときのマーケットフリクションは、キャリアリスクどころの話ではない」

図表2.4　市場をアンダーパフォームするモメンタム投資（2008～2009年）

	モメンタム株	成長株	バリュー株	S&P500
年平均成長率	-17.65%	-8.52%	-6.69%	-10.36%
標準偏差	26.03%	23.45%	45.60%	23.24%
ダウンサイドリスク	20.67%	17.38%	23.06%	17.37%
シャープレシオ	-0.64	-0.30	0.05	-0.39
ソルティノレシオ（最小受容リターン＝５％）	-1.01	-0.64	-0.09	-0.79
最大ドローダウン	-51.25%	-46.72%	-61.04%	-47.75%
最悪の月のリターン	-15.19%	-16.13%	-28.07%	-16.70%
最良の月のリターン	11.09%	9.92%	36.64%	9.42%
利益の出た月の割合	50.00%	54.17%	62.50%	54.17%

確かに２００８年にモメンタム戦略を取っていたら、ファンドマネージャーは１００％クビになったでしょうね。

9. 中期モメンタムが最も堅牢

ここからは第2部の中で最高のところだけをコンパクトに一緒に見ていきましょう。

まずは、「第5章　モメンタム戦略構築の基礎」から。第1部は、私たちに重大なメッセージを残しました。「すべての投資家はモメンタムを使うことを考えるべきである。そして、モメンタム戦略を実行する可能性の最も低いバリュー戦略に忠実な投資家にとって、バリューPFをモメンタム戦略で補完すれば、大きなメリットを得ることができるという逆説的な命題が成立する」

くー、これは非常に鋭い指摘です。なぜなら我々バリュー投資家は基本的に極めて逆張り思考が強いので、必然的に〝反モメンタム投資家〟になりがちだからです。

短期（ルックバック期間1ヵ月）と長期（ルックバック

期間60ヵ月）のモメンタムＰＦではリターンリバーサルが発生するが、中期モメンタムＰＦ（ルックバック期間1年）ではリターンは継続する。投資アプローチとして最も説得力があり堅牢なのは中期モメンタムである。

中期モメンタムでは、勝者は勝ち続け、敗者は負け続ける。

この「中期モメンタムが最も堅牢」という指摘は非常に勉強になりました。そして私はこの本を読んだ直後から、毎日のＰＦ管理で主力株に関して、過去1年間のレラティブストレングス（ＲＳ＝モメンタム）をチェック項目に追加することとしました。

そして私がこの第5章を読んだ時に最初に連想したのが、前世紀の大投資家であるジェラルド・Ｍ・ローブの「あなたの持っている銘柄の多くが高値を更新していれば、現在の状況において適切な銘柄を持っている、と考えられる」という名言でした。

私はこの言葉がずっとずっと心の深い所に引っ掛かり続けていたのですが、この本を読んでその棘《とげ》がようやく抜けました。そしてローブは体感的に〝モメンタム投資の真髄〟を理解していたんだなあということと、この本は、これまで霧とベールに包まれていたモメンタム投資の本当の〝鋼鉄の真実の扉〟を開く、歴史的で革命的な一冊なんだなあ、ということを深い感動と共に実感しました。

と同時に私は、今後は主力株の中期モメンタムに一層の注意を傾けて日々戦うようにしよう、と決意を新たにしました。

世紀の相場師ジェシー・リバモア

リチャード・スミッテン［著］、藤本直［訳］、角川書店・2001年

現在は復刻されていて簡単に手に入りますが、数年前に絶版となっていた時には大幅なプレミアが付いて楽に定価の10倍以上で取引されていた本です。

そしてその理由は読めば誰でもすぐに分かると思います。破産と再起を繰り返し栄華を極めた果てに悲劇的な最期を遂げた、20世紀の希代の相場師であるリバモアの一生が鮮やかに生き生きと描かれていて、投資本としてだけではなく純粋に読み物としても第一級に面白いからです。絢爛《けんらん》豪華で、同時に秘密主義でとても謎めいていて、そして最後はあまりにも儚かった彼の一生が詰まった最高の本。映画化されていないのが不思議なレベルですね。

そしてリバモアが本当に凄いのは、もう1世紀も前の投資家なのに、その投資法が〝まったく古くない〟ことです。もっと正確に言うと、リバモアの投資法は古くないばかりか、CAN－SLIMで有名なウィリアム・オニールの投資法の〝元ネタ〟になっているのです。

興奮のあまり最初に一番の大トロの部分から言うと、オニールのCAN－SLIMのNである、New-Highs（株価が年初来高値、昨年来高値、上場来高値など新高値をつけている）はリバモアが重要視した「高値更新」という概念そのものですし、同じくCAN－SLIMのLである、Leader or laggard（業界の主導株かその候補の株）を買えというのも、リバモアの「業種の中で主力となる銘柄を選べ」という教えそのものです。

それでは、リバモアの教えの中で最も感銘を受けたものをいくつか見て行きましょう。

取引開始から10％以上の損が出たらその時点で手仕舞いする、という彼の最重要な資金管理法である「10％ロスルール」は、考案されたのが１００年前のことであることを考えると震えが来るほどに先見性があったんだな、と改めて思います。ウィリアム・オニールはそのロスカットラインを7％と言い、林則行は8％と言ったわけですが、その源流は間違いなくリバモアなんですね。この10％というのは非常にキリが良い数字なので、私も負けた時の〝最終撤収ライン〟として普段から強く意識しています。

なお、投資家としては最重要とも言える、この損切りについてですが、私のブログ記事「損切りに対する自分の考え方」https://plaza.rakuten.co.jp/mikimaru71/diary/201506090000/が大好評で多くのアクセスをいただいていますので、未読の方は是非。

それでは本題に戻ります。

「高値は更新と同時に買いである。株を買うのに株価が高すぎるというケースはない」というのも本当に画期的で物凄い発想であると改めて思います。このリバモアの考え方は人間の本能に反しているので今でも新鮮であり続けています。そして、だからこそ未だに有効性のある投資法なんですね。

また彼の〝最も抵抗の少ないラインを行く〟という考え方は、極めて有効な投資手法であるモメンタム投資そのものです。もう一度いいますが、１００年前でこのクオリティなのです。一世を風靡した常勝トレード集団タートルズの投資手法も突き詰めれば同じことですからね。

そして、「株価が健全な歩みを続ける限り慌てて利益の確保に乗り出す必要はない。そのまま走らせろ！」という考え方こそが、私がリバモアから得た最大のメッセージです。この〝我慢してそのまま走らせろ。上がり始めたら売るな〟という発想を実際の投資で使い始めてからの私の超過利益は少なくともこの本の定価の数万倍だろうと思います。本当に有益なアドバイスでした。

この本の感動を、最初に読んだ時の驚きを、この宝物のような存在を本棚のすぐ手に届くところにいつでも留めておける感謝の気持ちを、一体どうやって表現したらいいのでしょう。本当に最高の一冊です。これからも自分の座っているイスから常に1秒以内に取れるようにして一生大切にして行きたいと考えています。

リバモアの株式投資術

ジェシー・ローリストン・リバモア、小島利明［著］、増沢和美、河田寿美子［訳］
パンローリング・2017年

本書は、伝説の相場師だったジェシー・リバモアがその死の直前の1940年に書いたものです。そして同時に、リバモアが自ら執筆した唯一の本ともなります。その有効性が統計的に証明されている「モメンタム投資」の考え方がよく分かる、まさに〝時を超える名著〟ですね。

1. 総論

本書には、コンパクトに分かりやすくリバモアの一生を俯瞰できる『マンガ　伝説の相場師リバモア』（パンローリング・2007年）も同時収載されており、それでいて定価はたったの1500円と、全体に高額な本が多いパンローリングとしてはとってもバリューな一冊となっています。あれ？　リバモアは典型的なグロース投資家なのに、その著作の価格がバリューだなんてちょっと不思議ですね（笑）。

さて辛口で知られる監修者の長尾慎太郎氏はこの本について、「リバモアはこの単純な時系列分析による手法を使って何度も巨万の富を築いた。本書はいまでも刮目して読むに値する相場書である」と述べました。私もその意見にまったく異論はありません。リバモアの、そしてモメンタム投資の、珠玉のエッセンスが詰まった極上の一冊だからです。

今回から数回に分けて〝ミスター・モメンタム〟リバモアの炎の名言を見ていきますが、ここではその極上の大トロの部分を少しだけ。

「マーケットはけっして誤らないが、個人の考えはしばしば誤る」

このリバモアの言葉とほとんど同じことを、現代最高峰のモメンタム投資家のマーク・ミネルヴィニもシンクロして言っていました。つまりリバモアの言葉には、そしてこの本には〝刊行後79年の時を超える力がある〟ということですね。

「大儲けに至った投機は、仕掛けたあとにすぐに利が乗ったトレードによるもの」

これまた、「勝つトレードは、最初から上がるもの」という前述のミネルヴィニの言葉とほとんど同じものです。リバモア自筆の唯一の著書である本作は、まさに時を超える名著なんですね。

2. バリュー　↓　モメンタム戦略

「その株が正しく動き、マーケットが正しいのであれば、利食いを焦ってはならない。そのままずっとマーケットに乗るのだ。それは時に非常に大きな儲けになるかもしれない。マーケットが不穏な動きを見せないかぎり、信念に従ってトレンドに乗り続けるのだ」

私はこのリバモアの言葉から、現在の自分の投資方針である、〝不人気な時期にバリュー株としてそっと静かに買い、株価の上昇局面をグロース株として圧力強く楽しくホールドし、ついにモメンタム（勢い）が失われたときに売却し、ポッケに札束をねじ込んで風のように去る〟バリュー→モメンタム戦略、を編み出しました。リバモアの著書から直接の着想を得た、まさに私の宝物ですね。

3. 投資よりも投機の方が安全

以前は確実な投資と目されていながら、現在はほとんど、あるいはまったくの無価値になっている銘柄など、枚挙にいとまがない。こうして素晴らしい投資は崩壊し、それに伴っていわゆる保守的な投資家の財産は絶え間ない富の分配に飲み込まれていくのである。

「投機家は株式市場で金を失ってきた。しかし私が思うに、そうした投機による損失額は、自分たちの投資を放置していた投資家と呼ばれる人々が失った莫大な損失額と比べれば少額であろう」

市場では〝100％確実〟は極めて高くつきます。なぜなら、私たちが愛してやまない、そして気まぐれで変幻自在な株式市場には、そもそも100％確実なものなど一切存在しないからです。大投資家のジェラルド・M・ローブがかつて喝破したように、「投資よりも投機の方が損を出しにくく、利益を上げやすい」んですね。

4．けっしてナンピンをしてはならない

「値が上がり過ぎているという理由で株を売ってはならない。逆に、前の高値から大幅に下落しているという理由で株を買ってはならない。最初のポジションで損が出ている場合、増し玉は絶対にしない。けっしてナンピンをしてはならない」

「けっしてナンピンをしてはならない」。このリバモアルールを守ってきたからこそ、私はここまで生き残ってこられたのです。ちなみにこの視点に関しては、「ナンピンをしたいと思ったら、、、、」 https://plaza.rakuten.co.jp/mikimaru71/diary/201505290000/ という過去の大人気記事も是非ご参照ください。

5．新高値は更新と同時に買い

「……最後まで相場についていくことが肝要だ。株価が一線を越えて薄商いになれば、方向転換してポジションを手仕舞えばよいだけ」

株式投資で一番難しい〝売りの本質〟を突いた名言ですね。

「新高値を付けると同時に買うのはたいてい安全なトレード」

出ました、「新高値投資法」。

ウィリアム・オニールの有名な「CAN-SLIM投資手法」の中の、N＝New Highs（正しいベースを抜けて新高値）の元ネタになったのが、リバモアのこのあまりにも有名な言葉なんですね。

6．正しいかどうかは相場に聞く

「間違えたときは弁解すべきではない。過ちを認め、過ちから教訓を得る努力をしよう。投機家の誤りはマーケットが教えてくれる」

「間違えたときは弁解すべきではない」

常に脳裏から離れない言葉です。投資家は、間違えたときにこそ、その真価が問われます。私も間違えたときには反省するのは当然ですが、ブログでもツイッターでも〝見苦しく、さもしい言いわけをしない〟ようにいつも注意しています。

「マーケットが正しく動かないとき、進むべき方向に進まないときは、いつでもそれが考えを即座に変える十分な理由となる。変動の理由が明らかになるには時間がかかり、それから行動しても利益を上げることはほとんど不可能」

モメンタム投資の考え方が非常に分かりやすく表出された極上の言葉です。そして、『マーケットの魔術師　株式編』でスティーブ・コーエンが述べた通り、自分の理論に従ってトレードしたら、自分が正しいかどうかは相場に聞く、という謙虚さが私達投資家には大切なんですね。栄華と転落を繰り返し、４度の破産の末に１９４０年に自殺してリバモアはこの世を去りました。彼は本書の中で以下の言葉を残しています。

「……だれかがこの（リバモアの）基本的な手法から新たなアイデアを確立させるかもしれないし、それが活用できれば、私の基本的な手法の価値もさらに高まるだろう。たとえそうすることができる人が現れたとしても、私はその成功をねたんだりはしないので、ご安心を！」

この本は彼の遺書だったのかもしれないですね。最高の一冊です。これからも常に自らの傍において投資の道しるべとしていきたいと考えています。

投資を生き抜くための戦い

ジェラルド・M・ローブ［著］、鈴木一之［監修］、西山佑［訳］、パンローリング・2009年

この本は真の傑作です。言葉の一つ一つが深く、それが真実であることを感じさせる重い響きがあります。名著『生き残りのディーリング』にどこか通じる、緊張感に満ちた本です。

1．投資で成功するには投機的な心構えが必要

ＣＡＮ－ＳＬＩＭで有名なウィリアム・オニールはその著書『オニールの空売り練習帖』（パンローリング・２００５年）の巻頭序言で、投資家が読むべき良書として、ジェシー・リバモアを描いた『欲望と幻想の市場』（エドウィン・ルフェーブル著、東洋経済新報社・１９９９年）と本書の２冊を挙げました。

その理由は読めば誰でも分かると思います。それは一つには完全に「ＣＡＮ－ＳＬＩＭの元ネタ」ということもありますが（笑）、それだけではなく、１９３０年代から40年以上もの長

期を生き抜いたウォール街の伝説の大投資家であるローブの〝真実を知る者のみが語れる、手触りがザラッと冷たい鋼鉄の真実〟が本文中に散りばめられているからです。「株式投資本オールタイムベストシリーズ」1位の『生き残りのディーリング』にどこか通じる、緊張感に満ちた本です。この本の良さを言葉で表現するのは実は非常に難しいですが、この最高の本に敬意を表し何とか頑張ってみたいと思います。まずはそのベストオブベストの〝大トロ〟の部分から紹介します。

ローブは「投資で成功するためには投機的な心構えが必要」だと言います。なぜなら「それでしか安全が得られない」「利益が小さく安全なインカムを得ようとすると必ず損失を招くから」だと述べます。そして、「投資よりも投機の方が損を出しにくく、利益を上げやすい」と主張しています。

この部分を初めて読んだ時には電撃が走りました。私は過去さまざまな有力な個人投資家の趨勢をつぶさに観察してきたのですが、本人が満足するような資産レベルに到達し、配当重視の、インカム狙いの方針に切り替えられた方というのは、極めて高い確率でその後のパフォーマンスを落として苦しんでいるのを実際に見ていたからです。そして以前から「どうしてそうなるんだろう?」という疑問を持っていたのですが、この本を読んで得心したのでした。つまり、「投資で成功するには投機的でなければならない、そうでなければそれは投資ではない」ということなんですね。私が今現在でいうと6425ユニバーサルエンターテインメントのような〝やんちゃ過ぎる銘柄〟を常に意図的にＰＦ最上位に置くようにしているのも、この本の影響が非常に大きいのです。

最高の安全策を目指して、自分なりに常に最大限に投機的であろうとし続けているのです。冬山で凍死しないために、覚醒しているために、常に自分の皮膚をアイスピックで刺し続けているようなイメージですね。

この「投資よりも投機の方が安全である」というのは凄い発想です。もうこの部分だけで間違いなく本の定価以上の価値があると思います。持っていない方は今すぐに本屋さんかアマゾンに買いに行きましょう。もちろん私は皆様の笑顔以外には1円もいただきません（笑）。そしてこの本の凄さはまだまだこんなものではありません。アドバイスと例えがどこからどこまでも具体的で胸を打つんですね。いくつか見て行きましょう。

「投資に際しては6～18ヵ月先を見るようにすべきだ。それ以上先を見ようとしてはいけない。しょせん、見えないのだから」

簡潔で堅牢なアドバイスだと思います。投資家というのはバスに乗るのに〝早すぎても遅すぎてもいけない〟わけですが、ロープの言う6～18ヵ月というのは非常に理にかなった物と感じています。

「あなたの持っている銘柄全てが資金全体の値上がりに貢献すべきだ。それは、ボートの漕ぎ手全員が力を出し切らなければならないのと同じ理屈である」

くー、痺れます。本当にその通りですね。

2. 分散投資は問題

ここで一つお知らせがあります。ジェラルド・M・ローブの本作は間違いなく〝真の傑作〟ではあるのですが、それにも関わらず「株式投資本オールタイムベストシリーズ」ベスト10からもれたのには明白な理由があります。それは一部に、時を超えられない、異常に古臭い部分があることと、また物凄い名言のオンパレードではあるものの、それがまとまって体系化されていなくて秩序なくバラバラに記載されていて、本としての完成度が低いという致命的な欠点があるからです。

そのため私は以前からこのローブの傑作に関しては、自分なりに重要テーマ別にまとめ上げて整理し直す必要があると感じていました。そして彼の多くの金言をウェブ上で気軽にそして頻繁に参照したいと強く願っていました。でもそんなマニアックすぎる作業を無料でしてくれる奇特な方はどこにもいません。そこで今回は思い切って自分自身でやることにしました。私の個人的な都合に皆様を付き合わせてしまって申しわけありませんが、私は非常に不器用な人間で、このブログの頻繁で過剰過ぎる更新を通してしか成長することができません。どうかご了承下さい。

ということで「分散投資の問題点」についてローブが述べた部分を見て行きます。前提として言っておくと、私の投資家としての最大の欠点は〝集中投資が非常に苦手〟という点です。

この問題に関しては、以前日記更新２５００件を記念して「アサンテの恥辱」 https://plaza.rakuten.co.jp/mikimaru71/diary/201409060000/ という日記にも書いたことがあるのですが、未だに完全には矯正しきれていません。

それは優待獲得のために多くの銘柄を保有せざるを得ない優待族の宿命という部分も少しはあるのですが、過去の15年の自分の戦いを振り返ると、勝負どころで最大限に徹底的に踏み込めなかったために、結局大きく稼ぎ切れなくてセミリタイアをできずにいるのは明白です。分散投資をし過ぎてきたせいで現在に至るまでの無間地獄の苦境が続いているんですね。でもこれまでもビッグチャンスは目の前にいくつもいくつも転がっていたのです。私はもっと腹を括って極限まで集中すべきだった。それらを両手で掴めなくて本当に情けないですし、ロープの言う、分散投資は問題であるということを身を持って実感しています。

ロープは言います。「賢明で安全な運用法とは、集中させることである。限界まで追求しろ。もしも限界までつきあうつもりがなければ、はじめから追う価値はない」

そしてアドバイスはいつも通り具体的です。「ひとつの銘柄に小口の買い付けを行い、発展がなければ売り払って現金に戻す。期待通りに動いた場合は、同じ銘柄でポジションを拡大するのだ」

人生はピラミッティングだ。今すぐに隅田川を走って渡りスカイツリーに登れ！　ということですね（ちょっと違う）。

「見込み大でないかぎり、けっして投資してはならない」

「価格が躍進する見込みのないものはすべて退けろ」

くー、珠玉のアドバイスのオンパレードです。本当に素晴らしいですね。

3．株の買い方のコツ

ここでは「株の買い方」についてロープが述べた部分を見て行きましょう。

ロープは言います。「選ぶ会社は、赤字で業績も異常に悪いもの。現在の業績はそこそこだが、一般の予想では不振が見込まれるもの。株は配当金がつかないもの。同時に、買い手はこういった表面的な状況とは逆の意見を持ち、しかもその意見は確かな判断と信頼できる情報源によって裏打ちされているもの。購入時には評価も人気も低く、株価も下げており、大方の予想が悲観的であるもの。期待しているような値上がりが起こるためには、現在の株価には反映されていない何かを予見できなくてはいけない。みんなにもあなたと同じことが見えているときには、利益は生まれない」

素晴らしい。これこそが〝真の意味での逆張り〟なのだと思います。

「強気相場での一時的な反落の間、主力銘柄の中で最も下げの少なかったものが十中八九、次の反発で最も値上がりするものになる」

この「暴落相場では最も下がっていないものを買え」というのは「dsan2000」さんもよくおっしゃっていましたね。

「新高値は初心者にはなじみがなく、どこか危険に見える。しかし賢いトレーダーは『新高値では買い乗せする』」。まさにウィリアム・オニールのＣＡＮ－ＳＬＩＭのＮのNew-highs（新高値）の概念そのものですね。というか、ローブがその元ネタなわけですが（笑）。

「株価には現実よりも期待値の方にずっと大きな影響力がある。株は、人々が最大限の可能性を感じた時に最高値をつける」

これも震えが来るほどの名言ですね。私も常に多くの投資家が〝砂上の楼閣〟を夢見ることができる銘柄をＰＦ最上位に据えて勝負し続けることを心掛けています。そういえば、インデックス投資家にとってのバイブルとして知られる超傑作『ウォール街のランダム・ウォーカー』の中でバートン・マルキールも同じようなことを言っていましたね。

「あなたの持っている銘柄の多くが高値を更新していれば、現在の状況において適切な銘柄を持っていると考えられる」。ドキッ！　皆様のＰＦはどうですか？（笑）。これも実に簡潔で素晴らしいアドバイスだと思います。

4．損切りの大切さ

今回は「損切りの大切さ」についてローブが述べた部分を見て行きましょう。

ロープは述べます。「損失を減らすことは常に正しい。損切りできる人は長い目で見ると一番成功する。これは自信を持って教えられるマーケットの唯一の原則である」。これは他の投資に関する名著でも同じ内容の記述をよく見ますね。

ロープは損切りに関して、機械的な方式を否定し「自分の頭を使い、論理と理性でことにあたるべきだ」と述べます。私自身も一律何%というような損切りの仕方はしていませんし、ロープの言うことは本当に理にかなっているなあ、と感服します。

ただ同時に、「投資額が10%減ったら十分に注意しろ。通常はそこで損切りするべきだ」とも述べています。ま、過去の大投資家のコンセンサスを見ても、やっぱり10%というのが基本ラインなのかな? と思いますね。

また、どのように損失を受け入れればよいのか? という難題については、「保険料と考えろ」と述べています。

そして、「損は切って、利益は放っておく」。

多分これが相場で生き延びるための最大のポイントなのだろうと思います。リバモアも「巨大な利益は坐して待て」と、ほとんどロープと同じニュアンスのことを言っていましたが、相場では単純に考えれば50%の確率で損が出るわけなので、勝てるときには大きく勝つようにしないと結局トータルでは生き残れないということなんでしょうね。

5. 株をいつ売るか

ここでは、株をいつ売るか？　という難題についてロープが述べた部分を見て行きましょう。株の売り時というのは本当に難しいですよね。私もいつもいつも悩み続けているのですが、この本から実にたくさんの貴重な示唆を得ました。そしてそれを活かしながら毎日を楽しく戦っています。

ロープは〝値上がりして大きな含み益を持った株〟について、損失の時と同じシステムで売るように勧めます。具体的には、株価が相場の最高値から10％下がったら部分的に処分することを考えたほうがいい、と言います。損切りと同じやり方を踏襲すればよいので非常に分かりやすいですね。

また別の視点からは、目的が達成されて、その株がこれ以上成長しないか、今後数年間は横ばいだろうと感じた時も現金化するタイミングだと述べています。

さらにこの「年に一度運用成績を見て、下から10％を売り、そのとき一番良さそうなほかの銘柄と取り換えろ」というのも実に具体的で有り難いアドバイスですね。

また、「投資家は、自分のＰＦを意識して組み替える必要がある。最低でも10％は入れ替えろ。変化し続ける投資要因に、後れを取らずついていくのに有益である」という助言も奥深いです。改めて言われて見るとこのＰＦの入れ替えというのは本当に大切だと思います。それは〝株式市場は生き物〟で常に動いているからですね。

またロープの「ステップシステム」という考え方は非常に有益と思います。「損切りする勇気を持てない場合でも持ち株の一部だけなら売る気にもなれるだろう。自分の銘柄が明らかな『失敗』を犯したと感じるたびに少しずつ売っていけばいい。この方法は、ある薬が体質に合えば量を増やし、合わなかったら量を減らすという考え方に似ている」

素晴らしい。なんと分かりやすい例えでしょうか。心にスーッとそよ風のように滲みわたります。株式市場で生き抜くために100%正しくあろうとするな、というのはよく言われることですが、ロープの表現というのは情緒的に実にしっくりと来るんですね。

この「株をいつ売るか？」という難題に対してのロープのアドバイスは私には本当に役立ちました。特に「株価が相場の最高値から10%下がったら部分的に処分すべき」というのは素晴らしいアドバイスだと改めてしみじみと思っています。

6．株式市場には常にチャンスがある

私がこの本から得たとても印象に残るメッセージは、「株式市場には常にチャンスがある」ということでした。

「チャンスはいつでも、どこにでも転がっている。明日、あるいは来年かその翌年にも新たなリーダーが生まれる。現代は、楽天家には実り多い世の中である」

どんな相場環境でも、大きく上昇する銘柄というのは必ず存在します。大切に育てて見守ってきた私の600銘柄を超える「優待株いけす」の中には、常に黄金色に輝く明日の出世魚が目立たず静かに泳いでいる。そう確信しています。

7．ローブの考える「なぜ買うか？」

ここでは、ローブの考える「なぜ買うか」を見ていきましょう。これらは本当に素晴らしい内容であり、私は頻繁に読み返しています。

1．自分にとって大金と思える額を投資する自信がなければ、別の銘柄を探したほうがいい。あなたの選択が正しいときには、自分の目的を達成できるような大きな利益を期待できるはずだ。

↓　マックス・ギュンターの「システムを打ち負かす唯一の方法は、勝負に出ることだ。心配になるような金額を賭けろ」という金言にも通じる、心に残る名言ですね。

2．期待しているような値上がりが起こるためには、現在の株価には反映されていない何かを予見できなくてはいけない。みんなにもあなたと同じことが見えているときには、利益は生まれない。

↓　私もPF上位で戦っている銘柄に関して、「ほとんどの投資家が気付いていないが、自分には見えている有力なカタリストがあるか？」を常に自問するようにしています。他の投資家と同じ物を見て、同じ考え方をし、同じ行動をすれば、そこには利益はないからですね。
3．私は「いったん撤退して生き延びたあと、日を改めて挑戦する」という考え方を支持する。損失の上限を設定しておくことは、保険料を払うのに似ている。
↓ 私もリスク管理の観点から損切りは迅速かつある程度機械的に行いますが、チャンスがあると思えば柔軟に同じ銘柄にも再参戦するようにしています。

8．ローブの考える「なぜ売るか？」

今回は、ローブの考える「なぜ売るか」を見ていきましょう。

「株は、売るよりも買うほうが何倍もやさしい。私は常に損を抑制する考えに賛成だ」

「初心者の投資家は数学的なルールにのっとって行えばよい。経験を積んだ投資家であれば、多少判断を働かせて加減すればよい」

「問題がややこしくなるのは儲かっているときだ。利益が出ているときは、成り行きに任せるというのが投資の鉄則だが、徐々に減ってゆくのを放置してはいけない」

「読者が数種類の銘柄を所有しているならば、問いはおのずと二つに分かれる。一つ目の問いは、『相場はいま強気か、それとも弱気か』だ。弱気だと思うなら、他の要因は一切無視してただちに売ることだ。

強気相場においては、以下のようなケースを除いて売ってはいけない。

1. 先に弱気相場が見えている。
2. 所有する銘柄が問題を抱えている。
3. 時の経過と状況の変化によって、あなたが持っている銘柄の中で一番気に入らないものよりも、はるかに良さそうな新しい銘柄が出てきた。
4. あなたの持っている銘柄が、上昇をやめて下がり始めた。

二つ目の問いは、『どの銘柄』を売るべきかだ。

1. その銘柄が『割高』だという理由だけで売ってはいけない。
2. 損を出している株。利益が少ないか、まったく出ていない株。一番弱い株、最も期待外れの株などから先に売ることだ。一番成績の良い銘柄は最後まで残しておくこと」

これらのローブの言葉を読むと、彼が極めて優秀な超S級のモメンタム投資家であったことと、彼の影響はマックス・ギュンター、ウィリアム・オニールら後世の大投資家達の中に色濃くはっきりと表れていることが分かります。

ローブは、本当に偉大な投資家だったんですね。

さてこれでローブの「投資を生き抜く戦い」の紹介は終わりです。わざわざ8回にも分けた理由は、それぞれのテーマ別の金言を自分が頻繁にウェブ上で参照したかったからでした。個人的な都合に皆様を付き合わせてしまって申しわけありませんでしたが、それだけ〝この本が宝石のような存在だ〃ということでご了承下さい。
これからもこのローブの本と共に、命続く限り、そして同時に常に極限までの努力を欠かさず、私も株式市場を生き抜いていこうと思っています。

〔編集部注〕現在は電子書籍版で販売中です。

私は株で200万ドル儲けた

ニコラス・ダーバス［著］、飯田恒夫［訳］、パンローリング・2017年

私は過去に大量の株式投資に関する本を読んできました。そして、〝株で○円儲けた〟といった表題の本は高い確率でクソ本である、という確かな感覚を持っています。

ただ、この本はそんな中では数少ない激レアな本物です。ダーバスが開発した伝説の「ボックス理論」はタートルズの投資手法にも影響を与えていますし、現代のリアルタイムの話で言うと「DUKE。」さん、という凄腕投資家の方もこのダーバスの投資法を取り入れた手法を使われていています。

ダーバスのボックス理論は簡単に言うと、株価が停滞から抜け出して新たな高値のボックスに入ったときに買う、つまりトレンドを見つけそれに乗りながら同時にリスク管理のためにストップオーダーを常に置きつつトレンドについていくという、「シンプルなトレンドフォロー戦略」です。〝シンプルなモメンタム投資の成功者〟ということですね。

ただ、投資システムというのは、単純であればあるほど堅牢（ロバスト）で機能しやすいのも事実であり、だからこそダーバスは成功できたのでしょう。

そしてこの本の最大の魅力は、一介のダンサーにすぎず、投資に関する専門的な教育を受けたわけではないまったくの株の素人のダーバスが、無数の失敗を繰りかえし、返り血で血みどろになりながら、最終的に自分自身の性格と能力にジャストフィットした「ボックス理論」を開発するに至った経緯が、率直に、そして具体的に綴られている点でしょう。

私はボックス理論そのものよりも、〝ダーバスが苦難の末にそこに辿りつくまでの物語〟に深い魅力を感じました。

またそれ以外では、株の売り時という難問に対しての考察も優れていると思います。

株の売り時について、「トレンドが反転したら泥棒のように逃げ出すしかない」というダーバスの表現はクスッと笑ってしまうほどユーモラスなものですが、同時に真実であるとも思います。そういえば林則行氏も「売りの本質は飛び降り」と言っていましたね。

このダーバスの本には〝奇妙な魅力〟があります。明らかに文才があり表現が平易でかつ分かりやすくて面白いのもそうですが、〝未だにインサイダーだらけでロクでもないが、とっても人間臭くてたまらなく魅力的な株式市場の裏面の真実に肉薄した内容〟だからです。スッと読めるのに実は奥が深い、そういった不思議な一冊です。未読の方は是非。

♛オニールの成長株発掘法

ウィリアム・J・オニール［著］、スペンサー倫亜［訳］、パンローリング・2011年

私が死ぬほど苦手としていた〝優待グロース株〟を、なんとかPFに取り込むことができるようになったのはまさに直接的にオニール先生のおかげです。最初に買ったのは初版ですが、現在は第4版が出ており本屋さんで貪るように立ち読みしたところ、かなりバージョンアップしてさらに良くなっているので買い直しました。

1. 総論

グロース株投資家の方にとっては常識の「CAN－SLIM投資手法」を生み出したことで有名な〝永遠のスタンダード〟ですが、低PBR銘柄至上主義で〝ゴリゴリの原始的バリュー系優待族〟だった私にとっては最初に読んだ時には、「あぁ、グロース系の本なのね。うーん、うーん、これは自分の投資手法には取り入れるのが難しいなあ」という感じで一読して速攻で

サヨナラし、本棚の〝3軍〟の所にポイっと突っ込んでその後ずっと埃をかぶったままという状態でした。

ところが時が流れ、「んんん、おかしいな。これはどうも単純なバリュー投資一辺倒では十分に勝てないぞ。市場というのはどうもそんなところじゃないんだな」とようやく気付き、壁にぶち当っていた時にこの本を読み返し、目からウロコがぼろぼろ落ちたのでした。有効な投資手法というのは色々とあるわけですが、CAN－SLIM手法には時を超える力がある、永続的な普遍性があることを遅ればせながら知ったのです。そして世界に誇る摩訶不思議な株主優待制度が広まっているここ日本市場の独自性に完璧にフィットさせた、改変オニール手法である、「YOU－CAN－SLIM手法」を独自開発して今に至っています。

本当に最高の一冊ですね。

2. YOU－CAN－SLIM法

さて、時計やカメラなどの専門性が高い商材の新品と中古をネットと店舗で販売し、その初期段階で目を付けて〝ここは凄くいい〟と思ったのに、自分の勉強不足と核となる投資理論の不在で大きく買えなかった3179シュッピンの反省から生まれた、〝勝てる優待グロース株〟発掘の秘密の公式である、YOU－CAN－SLIM法。

これは完全に私の投資家としての〝企業秘密〟に属するものなのですが、以前に書評の初版

『オニールの成長株発掘法』

をブログにアップしたところ、さまざまな場面で自分自身が頻繁に参照するのに非常に便利で役立ち、同時に「トータルで見てプラスがマイナスを大幅に上回った」という実感がありました。そして２０１５年には第２版を公開。ここでは自分自身の利便性向上のために、更なる改良を加えた書評第３版を公開します。

それではまず原法であるウィリアム・オニールの「ＣＡＮ－ＳＬＩＭ投資手法」をまとめておきます。こちらも原著第１版（上写真右）に加えて同第４版の内容を追加し、両者の良いところを取ってアップデートし、さらに分かりやすい文章に改善しています。

C＝ Current Quarterly Earnings　直近の四半期の一株益。最低でも20％は上昇しており、「勢い良く成長している」こと。

A＝ Annual Earnings Increases　年間の収益増加。過去5年間に意味のある成長が認められること。連続増益が望ましい。

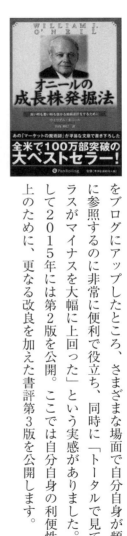

N＝ Newer Companies, New Products, New Management　新興企業、新製品、経営陣の入れ替えなどがあったこと。

N＝ New Highs Off Properly Formed Bases　株価が正しい「ベース」を抜けて、年初来高値、

昨年来高値、上場来高値などの新高値をつけていること。

S＝ Supply and Demand 株式の需要と供給。発行済み株式数が少ないこと。需給の法則から騰がりやすい小型株であること。

L＝ Leaders 相場を主導する銘柄であること。少なくとも業界の上位2～3社に入っている。

I＝ Institutional Sponsorship 有力な機関投資家が保有していること。なぜなら機関投資家は大多数の投資家よりも経験豊かで、より優れた投資実績を持ち、銘柄の選定にも長けているからである。

M＝ Market Direction 株式市場の方向。相場全体のトレンドが悪くない、下降トレンドではないことを確認すること。

以上がＣＡＮ－ＳＬＩＭ法の２０１７年現在の最新のまとめになります。ただ、アメリカには優待株がほとんど存在せず、この原法のままでは〝世界最大の優待株天国〟である日本株市場の現状にはジャストフィットしないため、オニールのこのＣＡＮ－ＳＬＩＭ法を私なりにアレンジして、優待グロース株投資の絶対的な指針となるＹＯＵ－ＣＡＮ－ＳＬＩＭ法を新たに開発しました。具体的には下記を付け加えています。

ＹＯＵ ＝ 優待の「ゆー」

株価上昇のカタリストとなる、意味のある魅力的な優待が付いていること。そして1単元投資時の「配当＋優待」の実質総合利回りが高いこと。できれば4・0％以上が望ましい。さらに「優待原価率」が適正で長期間無理なく継続できる内容であること。この3点が株式市場で負けずに生き残れる魔法の〝優待エアバッグ〟作動の前提条件となる。

S＝　Supply and Demand

株式の需給に関して日本株市場の特性を活かし、東証2部昇格＆優待新設により近い将来の東証1部昇格が濃厚な銘柄を狙い撃ちすること。これは東証1部昇格により効率良く株価上昇が期待できるためである。

M＝　みきまる銘柄

元々自分のPFである「優待株いけす」に入っている銘柄であること。いけす内を広く、子どものような澄んだ純粋な目で見渡した時に、その総合戦闘力の高さから〝自発的に〟あたかも蛍光を発するように浮かび上がってくる銘柄であること。PF外の新規銘柄を吟味なくいきなり主力株に据えるのは、勝率を高めるために必要なプロセスを経ていないため非常にリスクが高く禁忌である。

以上が、「YOU－CAN－SLIM法　第3版」です。

これからもこの変形オニール公式のYOU－CAN－SLIM法を使って、戦闘力の高い優待グロース株を毎日楽しく発掘して行こうと思っています。

オニールの相場師養成講座

ウィリアム・J・オニール［著］、古河みつる［訳］、パンローリング・2004年

この本は、永遠の名著で全米ベストセラー『オニールの成長株発掘法』の著者ウィリアム・オニールが、初心者向けにその投資哲学を口述したものです。語り言葉ならではの分かりやすさがあり、私のお気に入りの一冊です。リバモア唯一の自筆本である『リバモアの株式投資術』などに通じる、〝シンプルだけど奥が深い〟魅力があります。ま、一言で言えば、これまた〝最高の一冊〟ということですね。

1．総論

さて、初回となる今回は、早くもオニール節全開の「はじめに」を見ていきましょう。

「1990年代の相場は、1636年のチューリップの球根に対する投機熱にも匹敵するほど異常だった。1998～2002年のような激動の時期を過ごしたあとでさえ、わたしが最も

痛感していることは、ものごとはほとんど変わらないということだ」

「市場を動かしているのは群集心理だ。そして――特に非常に多くの投資判断を左右している願望と恐怖心とプライドとエゴについていえば――人間の本性は1929年や1636年と現在で変わった様子はほとんどないのだ。投資で大成功することと、あなたの感情や個人的な意見とはなんの関係もない」

「株式市場は、わたしたちがどんな人間で、どんなことを考え、どんなふうに感じているかなどまったくお構いなしだ。市場はなににも増して野獣だ。人の願いなどに関心はなく、常識など眼中になく、強烈なあまのじゃくであり、事あるごとに大多数を裏切ることに情熱を燃やしているように見える」

「市場が従うのは需要と供給の法則だけだ。あなたが投資家としてこの現実を把握し、市場に逆らわず、市場に沿って行動することを学ばないかぎり、よくても並程度の成果に甘んじることになるだろう」

「市場では、あなたが何者で何を考えているかなど何の意味もない。市場はやりたいことをやる。市場に逆らっても損をするだけだ」

くー、この圧倒的で、実践に裏打ちされた冷徹な観察眼、痺れます。また、これらの文章には、オニールのモメンタム投資家としての考え方が凝縮されている感じもしますね。

それでは次回から、いよいよ本文を見ていくことと致しましょう。

2. 市場に一貫性がないのだから、あなただけが一貫しているわけにはいかない

まずは「第1章　市場全体の方向性を見きわめる方法」を見ていきましょう。

「以前の見方にいつまでもこだわっていてはいけない。いつまでもこだわっていることは、市場に逆らうことであり、たいてい高くつくことになる。柔軟性を持ち、市場が変化したら見方を素早く切り換えられなければならない」

「市場に一貫性がないのだから、あなただけが一貫しているわけにはいかない」

「エマソンが言うように『一貫性などというものは、小心者の心に宿るお化けのようなもの』なのだ。戦場における最高の軍師は、敵の動き、天候、予期せぬ展開、失敗などに臨機応変に対応して計画を変更する。あなたにとって大切なことは、市場において最も正しくあるべきときに正しくあることだ」

このオニールの言葉は深いですね。私たち人間の一般社会では、考えを変えず首尾一貫していること、自分が一度口に出した言葉に責任を持ち続けることは称賛される性質ですが、〝常に変わり続けることだけが唯一の原則〟であるここ株式市場では、そういった〝一般的に賛美される人間の特質〟は役に立たないばかりか、逆に有害ですらあるということなのです。

つまり、株式投資という〝真の戦場〟においては、状況が変わればあっさり前言をひるがえしても全然100％OKだし、むしろそうでなくては生き抜けない、ということです。

必要な、求められる「常識」が、一般社会とは170度くらい、まったく異なる、んですね。

3.「良い」株とか「安全な」株というものは存在しない

今回は「第2章　利益と損失を3対1に想定する方法」を見ていきましょう。

「いつ、なぜ、売らなければならないかも分からずに株を買うことは、ブレーキのない自動車を買うようなもの。あなたが理解しておかなければならないことは、『良い』株とか『安全な』株というものは存在しないということだ。結果が全てだ」

「過去50年間の全優良株に関するわたしたちの研究では、最高水準の運用成績を出す期間は平均してわずか約1年半から2年間しか続かないことが分かっている。どんな優良株でもやがては下落する」

「真の主導株――ほかの銘柄の2～3倍以上値上がりする株――はピークに達したあと平均で72％下落する」

そう、私達投資家にとっては、〝結果が全て〟なのです。どんなに勉強をしていようが、投資理論が優れていようが、実際の投資成績が悪ければクソの役にも立たない、そういう〝血みどろの戦場〟で我々は戦っているんですね。

「この重要な歴史的事実を覚えておこう。ブル（強気）相場における主導株で、次回以降のブル相場においても主導株になった銘柄は8つに1つだけだ。時代は変わり、それにつれて経済状況や競争条件も変わる。市場は新しい主導株へ移行していくのが普通だ」

ここが株式投資の難しい所です。私自身も残念ながらもそうなのですが、いったんある銘柄で大成功すると、既に指標的に極めて割高で〝ゆでガエル〟状態になっていることに気付かず、味をしめて何度も手掛けたり、既にピークを過ぎているのに同じセクターの銘柄に意味なくこだわって戦ってしまったりということが頻繁にあります。主導株は絶えず変化していくという視点を、私たちは常に意識していないといけないんですね。

「……さて、皆さんにお知らせがある。そんなものはないのだ。すべての普通株はきわめて投機的であり、一般に安全だと見られている銘柄も含め、大きなリスクを持っている」

「……83％の下落だ。安全性とはそんなものなのだ。あらゆる普通株にはリスクがあり、今日の優良株（ブルーチップ）がたちまち明日のくそ株（カウチップ）になることがある。主導株は常に入れ替わるのだ」

つまり、世の中に〝安全な株〟などというものは一切存在しないのです。前世紀の大投資家であるジェラルド・M・ローブが述べた通り、「すべての投資は投機である。唯一の違いは、ある人はそれを認め、ある人はそれを認めないことだ」ということなんですね。ちなみにオニールの言葉の節々にはローブの影響が見て取れます。

偉大な投資家の物の見方・考え方は、こうやって〝思想を載せた本という船〟によって受け継がれていくんですね。

「どんな銘柄でも上がらなければ悪い株だと考えなければならない。大切なことは、こだわりをもたないことだ」

「株式市場では個人的な意見になんの価値もない。あなたが尊重しなければならない唯一の意見は、市場そのものの意見だけだ。相場はあくまで需給関係で決まるのだから、どこへは行くが、どこへは行かないということはない」

くー、オニールのこの〝鋼鉄のような熱い冷たさ〟。最高ですね。

さてどうだったでしょう。でも、これらのオニールの言葉に違和感を感じた方も、もしかしたらいらっしゃったのではないでしょうか？

ただ、もしもそうであれば、それはあなたが〝一般社会の常識〟に強く縛られており、株式市場の常識を未だにまったく理解していないということかもしれないのです。

4. シンプルにやれ

ここでは「第4章　利益を確定する最適なタイミングで売る方法」を見ていきましょう。

「……しっかりとした健全なベースパターンから上放れしてからわずか1、2または3週間で大商いに乗って20％急騰した場合は、そこで売らずに、上放れした買いポイントから少なくとも8週間は保有し続ける」

このオニールの「8週間ルール」は、私もいつも意識の片隅に置いています。

「ジェシー・リバモアが言っているように、『大きな利益は、アイデアによってではなく、相場に踏みとどまることによって得られる』のだ」

オニールの言葉のあちこちにはリバモアの影響が感じられます。それだけ、リバモアが偉大だったということでしょうね。

「人はいつでも歴史から学ぶことができる。なぜなら人間というものは変わることがなく、ほとんどの人が考えるほど市場には完全に新しいものなど存在しないからだ」

株式投資の歴史に精通することの大切さを感じる一文ですね。なお、この観点に関しては、ケン・フィッシャーの『チャートで見る株式市場200年の歴史』(パンローリング・2010年)が最高の1冊ですので、未読の方は是非ご覧下さい。

「この株が凄いとみんなが大騒ぎし始めたころは、買うような人はだいたいすでに買ってしまっているので、あとは値下がりするしかない。みんなが知っていて騒いでいるときは、もう遅いのだ。群集心理は、ここぞという相場の大転換点において、常に間違っている」

「クライマックスを何度か目にすれば、いかに繰り返し同じことが起こっているか、驚くはずだ。大手ファンドやプロの共同資金が、その当時の最高の成長株を追いかけ、それらの株価を上昇させ、やがてPERをだれも正当化できない水準へ押し上げている。人間の本性は変わることなく、歴史は繰り返されるのだ」

この「大衆は常に間違っている」というのは、オニールに限らず過去の大投資家の多くが同じ意味のことを言っています。市場ではその多くの参加者は最終的には敗れ去るわけなので、これは理にかなった考察ですね。

「保有株のレラティブストレングス（モメンタム）の変化を熱心に見守っていない投資家や、チャートを利用しない投資家は、レラティブストレングスの悪い銘柄をいくつも買ったり、抱え込んでいたりすることになる。そんなことをやっていれば、運用成績は伸びず、まともにやっていれば避けられるような過度な損失を被ることになる」

ドキッ。オニールは暗に我々バリュー投資家を批判しています。確かに我々はレラティブストレングスもチャートもあまり参考にせず、ちょっと〝浮世離れして泰然とし過ぎている〟傾向が強いので、持ち株のモメンタムがどうなっているか？　についてもしっかりと気を配ることが大切ですね。

「最後の秘訣はこうだ。売る時は、売り切ることだ。小賢しく、一部だけを切り売りするのはだめだ。手を引きたいときは、完全に手を引くことだ」

「買い持ちと空売りを同時にやってヘッジすることも避けよう。両方のポジションで手仕舞いのタイミングを間違え、両方で損してしまう可能性もある。シンプルにやることだ。ただでさえ投資は難しい。込み入ったことをしすぎて複雑にしないことだ」

そうですね。私もとにかく〝常にシンプルに分かりやすく投資をする〟ことを心掛けています。空売りは決してしませんし、ＰＦも98％以上が自らが専門とする優待バリュー株だけで占めています。自分のコアコンピタンス（他を圧倒的に上まわるレベルの能力）領域に特化して戦うことが大切であると肝に銘じています。

5．ポートフォリオの管理はガーデニングと似ている

今回は「第5章　PF管理——損を抑えて利益を伸ばす方法」を見ていきましょう。

「株式PFの管理は、ガーデニングと似ている。気を配っていないと、あなたが植えた美しい花々は、目ざわりな雑草におおわれてしまい、喜びよりも頭痛の種となってしまう。雑草が現れたら躊躇せずに刈り取ることだ」

「花と雑草はどうやって見分けるか？　簡単だ。市場が教えてくれる。あなたの買値よりも上がっている株は花で、いちばん下がっているか、いちばん上がっていない株が雑草だ。いちばんダメな、負け銘柄から手をつける」

いやあ、分かりやすくていい表現ですね（笑）。私も少し手を抜くとすぐにPFが雑草だらけになってしまうのですが、あまりにも雑草が増えると〝ゴミ屋敷〟化してしまい、きれいに掃除をする気力が衰えてしまうので、常に意識してこまめにPFをメンテナンスする、大きなダメージになる前に損切りすることが大切であると考えています。

「市場はオークション形式の価格決定メカニズムを通じて、あなたの保有株のいくつかが並み以下の代物だと教えてくれる。この方法でのみ、自分のPFを健全に保ち、勝ち銘柄という花

を咲かせることができる」

「海千山千の商人たちのやり方もだいたい同じだ。商品の動きが悪ければ、値を下げて速く処分し、もっと売れる商品の仕入れにそのお金をつぎ込む。あなたが持っている『商品』も同じような管理が必要だ。含み損の出ている銘柄を長期間放っておいては絶対にいけない」

このPFの管理はできる商人のやり方と同じ、というオニールの例え話は、実にしっくり来るし分かりやすいですね。

「……2回目の買い資金は前回よりも減らすことが大切だ。例えば、50ドルで買った株が51ドルに上がったら、それだけでも読みが正しかったという手応えになるので、買い増しすることができる」

「1回目に100株買っていたら、2回目は65株買って、上がりそうなポジションを積み増していく。わたしは1回目の買値から2～2・5％上がったらいつもすぐに2回目の買いを機械的に入れている。そうすれば、勝つ可能性のある銘柄を追加購入し損なうことが絶対にない」

このオニールの指摘には大切な点が2つあります。1つめは、いわゆるピラミッティングをする場合には、株価が騰がる度に買う株数は段々と減らしていかなくてはならないということです。そうでないと奇麗な〝ピラミッド〟のカタチにならないからです。ところが私自身もその気《け》がありますが、株価が上がってえらく強気になってしまい、イケイケの状態になって、元々持っていた株数よりも多くの株を高値圏で買ってしまうことがあります。これをやると「平均買い単価」を大きく上げてしまって負けやすくなるので、厳に慎まないといけないんですね。

もう1つは買値からわずかに値上がりしたら、その情報をポジティブに捉えて機械的に少し買い増しをするというやり方が〝利を伸ばす〟ために非常に効果的なやり方であるということです。

「50ドルで買った株が45ドルに下がっても絶対に買い増しするな。ババを引くことになる可能性のほうが高い。長い目で見れば確率的に不利であり、遅かれ早かれ痛い目に遭うことになる」

「優秀なプロはナンピン買い上がりはするが、買い下がりはしないものだ」

「最初の分が含み益を出していないかぎり、けっしてそれ以上金をつぎ込まないことだ」

ナンピン、クソピンは絶対にダメということですね。多くの大投資家が口を揃えて同じことを言っていますが、それだけ大切なことですし、損失が拡大して頭に焼きの回った投資家はどうしてもその〝禁断の木の実〟に手を出しがちということでもありますね。

「株を売買するときは、成り行き——つまり、その時点で付いている価格で行うことだ。指値注文をしていると、いずれ指値を逃してしまい、手放したいのに手放せなかったり、手に入れたいのに手に入れられない状況に遭遇することになる。株は4分の1ポイントにこだわって投資してはいけない。もっと大きなスタンスで投資すべきだ」↓ 実践的で良いアドバイスですね。

「優秀なマネーマネジャーたちは、企業が配当を支払い始めたり、配当比率を上げると、一般的にその企業の成長が止まる兆候であることを知っている。定期的な収入が必要な場合は、配当収入を得るためだけのために、ぱっとしない、古い、現状維持的な、配当を支払っている企業の株を買うよりも、最高の実績を有する堅実な企業の株を買って、口座から毎年6%を引き出すことを考えた方が良い。配当株を買う場合は、利回りが並外れて高いものは避けることだ。そういう株は一般的に優良ではなく、それだけリスクが大きいので、値上がりはあまり望めない」

↓　このオニールの言葉は深いですね。自分の過去の経験からも高配当株＝高成績株ではまったくないですし、なぜ高配当株が良くないかの説明も実によく腹に落ちます。

「わたしなら債権も買わない。大恐慌のときも債券で財産を失った人がたくさんいた」

原則としてPFに債権の居場所はない、ということはピーター・バーンスタインも述べています。私も、彼ら多くの先人の言葉に倣っており、今まで一度も債券をPFに迎え入れたことはありません。

さてこれでこの本の紹介はおしまいです。書評を書いてみると、改めて実にいい本でしたね。未読の方は是非。

ミネルヴィニの成長株投資法

マーク・ミネルヴィニ〔著〕、山口雅裕〔訳〕、パンローリング・2013年

過去のモメンタム投資家達の長所と短所を高い位置から俯瞰し、それを現代流にフィット&昇華させた、当代ナンバーワンのモメンタム投資家、ミネルヴィニの魅力がたっぷり詰まった極上の一冊です。

1．総論

ジェシー・リバモア、ジェラルド・M・ローブ、ニコラス・ダーバス、ウィリアム・オニールら凄腕投資家の手法を徹底的に学びそれをさらに進化・昇華させた現代最高峰のモメンタム投資家、それがミネルヴィニなんですね。

私はこの本の書評をもっと早く書きたいと思い続けてきました。初版刊行が2014年1月で私はその直後に読んで、「これは凄い本だな」と感じました。ただ私はコテコテのバリュー

系投資家であり、モメンタム投資の第一人者でかなり自分とは考え方の異なるミネルヴィニを適切に評価することが〝現時点では難しいちょっと手ごわ過ぎる〟と考え後回しにしました。先にリバモア、ローブ、ダーバス、オニールらのモメンタムの先人達の本の書評を書き上げ、その後で最強のミネルヴィニに挑もうと思ったのです。

時は満ちました。いよいよ現代のモメンタムレジェンドである、ミネルヴィニの傑作を見ていきましょう。

辛口で知られる監修者の長尾慎太郎氏はまえがきで、「中学を中退して職を転々とし、さらに投資においても多くの失敗を重ねたものの、心折れることなく努力を重ね、ついには大成功を勝ち取ったミネルヴィニは、多くの投資家にとってスーパースターと言ってよい」と述べています。

まさに身近なスーパースター。ミネルヴィニの言葉は〝フレンドリーでありながら鋭くて胸に刺さる〟んですね。まずはこの最高の本のどこが大トロなのかを探りましょう。

特に第2章、第12章、第13章が素晴らしいと思います。また私自身はモメンタム投資家ではないのでやや評価が下がるのですが、実際の投資戦略を語った第5章、第7章、第8章もかなり良いと感じます。

それでは魔術師ミネルヴィニの〝秘中の秘〟の極上部分を見ていくこととしましょう。

2. 機関投資家より個人投資家の方が有利

まずは、「第2章　初めに知っておくべきこと」を中心として彼の金言を見ていきましょう。

「多くの人々が自分の目標を達成できずに、株式市場で大成功できない根本的な理由は何だろうか？　それはつまるところ、ほとんどの人が株で並外れたパフォーマンスを達成できると、本気で信じていないからだ」

これは名言です。前世紀の大投資家ジェラルド・M・ローブが「成功のためには、投資の目標はうんと高く掲げなくてはならない」と語ったように、私達投資家は〝自分の巨大な成功〟を常に頭の中にイメージしておかなくてはいけないんですね。

またこの観点に関して、超名著『マーケットの魔術師』の中でエド・スィコータは、「トレードの成果は、たぶん自らが認識している以上に自分自身の選好を反映している。利益を増やす最良の方法の一つは、目標を立て、それを実現させていくこと。つまり、意識と潜在意識を金儲けと調和させること」と述べました。

そして私も彼らの言葉を常に胸において、〝極めて大きな金額〟を目標にして毎日を戦っています。

すみません、のっけから少し脱線してしまいました（汗）。本文に戻ります。

「株式市場は、勝つ者にも負ける者にも素晴らしい教訓を与えてくれる。勝てばとんでもなく高揚し、負ければひどく謙虚にさせられる場である。それは世界最大のゲーム」

私達投資家はこの「世界最大のグレートゲーム」で、慢性的に極度の躁病と重度のうつ病を繰り返しています。いつも言いますが〝株式投資の世界は面白すぎる〟のです。自分が完全にそうですが、どっぷりハマるともう一生抜けられない、死ぬまで絶対に離脱できないのです。そして、それが分かっているからこそ、私は〝市場の極北を目指し、絶対にそこに到達する〟と決意して戦っています。

「ほとんどの大規模ファンドはもともと平凡な成績に終わる運命にある。しかし、個人はそうした機関投資家よりもはるかに有利だ。多くの機関投資家は個人の意見や伝統、エゴ、それに多くの単なる無知に基づく無意味な原則に従っている。彼らの最大のハンディキャップはその規模にある。機関投資家は大量の株を買わなければならないので、流動性の高い銘柄に投資するほかない。これは並外れたパフォーマンスの重要な要素であると私達が考えている――浮動株が比較的少ない会社――とは正反対だ」

「大型ファンドのもう一つの欠点は、投資委員会が認めた銘柄リストのなかからしか投資できないところだ。しかし、個人は新しい株価トレンドを生むサプライズに即座に反応できる。投資委員会から承認を受ける必要はないし、分散投資を命じられることもない。今日のテクノロジーでは、プロでも個人でも、ほとんどのトレーダーはほぼ同じツールを自由に使える。しかし、個人トレーダーは流動性をあまり気にしないで機敏に動けるという点で、プロよりも非常に有利な立場にある」

素晴らしい指摘ですね。私はこの〝個人投資家ならではの利点〟を生かして、これからも思う存分に市場で暴れまわっていきたいと考えています。なおこの観点に関しては以前に、「機関投資家よりも個人投資家のほうが有利」 https://plaza.rakuten.co.jp/mikimaru71/diary/201702120000/ という超人気記事を書いていますので、是非合わせてご覧下さい。

3．第2ステージ（上昇局面）で株を買え

さてミネルヴィニは、株価には4つのサイクルがあると言います。それは以下のようになります。

- **第1ステージ　底固め局面―無関心**
- **第2ステージ　上昇局面―機関投資家の買い集め**
- **第3ステージ　天井圏―機関投資家の売り抜け**
- **第4ステージ　下落局面―投げ売り**

そして株を買うべき時期について、下記のように述べています。

「注目すべきことが何も起きていない第1ステージ（底固め局面）では、どれほど魅力ある銘柄であっても買うのは避けるべきだ。たとえ、会社のファンダメンタルズが興味をそそるものでも、待って、第2ステージ（上昇局面）で買うことだ。まったく動きのないものを持っていても、並外れたパフォーマンスを達成することはできない。資金を急速に増やして、並外れた

図表2.5　利益の成熟サイクル

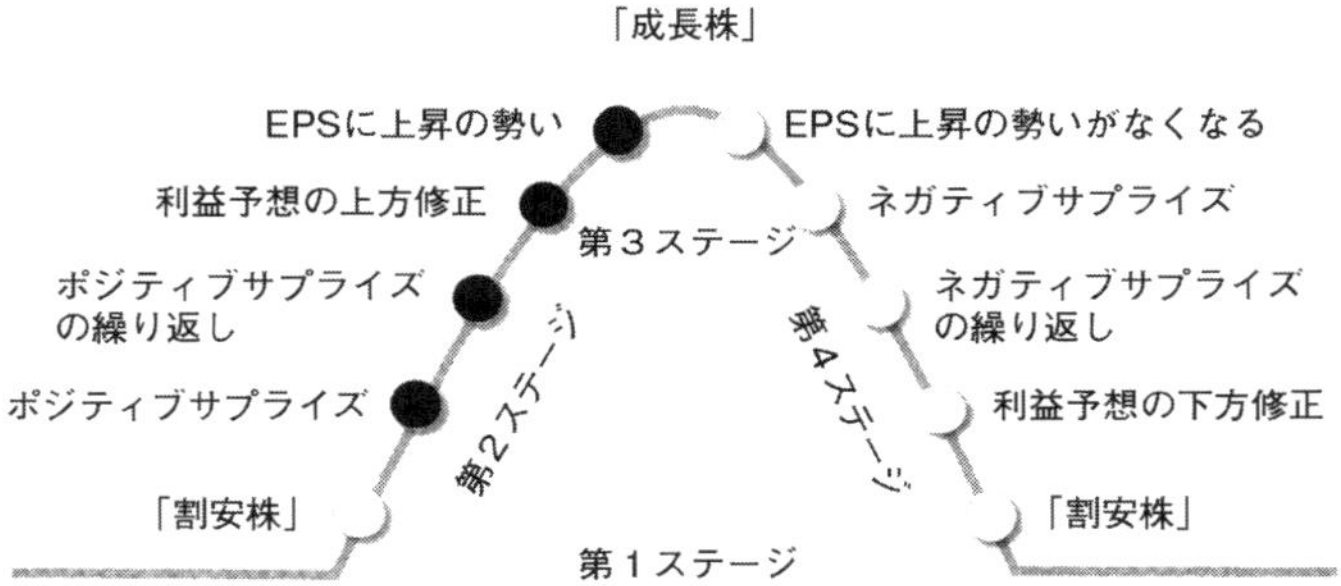

次の急成長株を見つけるには、第２ステージにあって、利益の伸びが大きく、ポジティブサプライズがあり、利益予想が上方修正される銘柄を探す。

パフォーマンスを達成するためには、第1ステージを避けて、第2ステージで勢いがあるところを見極められるようになることが大変重要だ」（図表2・5）

　この言葉には、モメンタム投資家の考え方が端的に表れていて興味深いですね。そして私は第1ステージでたっぷりと仕込んでそれから〝いつまでもずっと時が来るのを伏せて静かに待つ〟のが大得意なタイプなので、モメンタム投資家とは対極のバリュー投資家であることがよく分かります。

　ちなみに1つだけ補足しておくと、この〝第1ステージで仕込んで静かに待つ〟やり方には、負けにくくかつ当たった場合には割と大きい、という「ローリスク・ミドルリターン」の大きな利点があります。それはなぜかというと、第1ステージから第2ステージに入るということは、新規にモメンタムを獲得することに他ならないわけですが、〝新しくモメンタムを獲得した銘柄は滅茶苦茶強い〟からです。ゲイリー・アントナッチが『ウォール街のモメンタムウォーカー』で言及した、「フレッシュモメンタム」を色鮮やかに発揮することになるわけなんですね。

そして、私は自分の投資パフォーマンスの更なる改善を目指して、株価が動き出した第2ステージでの買い増し、いわゆるピラミッティングをこの数年で意識的によくやるように手法を変更しています。

「私の目標は底値や最安値で買うことではなく、『適切な』価格、つまり株価が大幅に上昇する直前に買うことだ。並外れたパフォーマンスを達成するためには、複利効果を最大限に生かす必要がある。だから、買ったあとに素早く上昇する銘柄に集中することが重要なのだ」

私は自分がミネルヴィニのような投資手法を取れたらどんなにスリリングで楽しいだろうといつも思います。しかし自分は完全にバリュー系に属する、さらにその中でもどちらかというとより原理的なグレアムに近い「しけモク投資家」なので、とても実際にはミネルヴィニのやり方は真似できません。ただ、前にも書いたように第1ステージでたんまり仕込んでいた銘柄が思惑通りようやく動き出して第2ステージに入ったときには、〝持っている含み益〟を安全域として使って意図的に買い増すようになりました。そしてその結果、明らかに投資パフォーマンスが改善しています。つまり、ミネルヴィニのやり方は実際に効果抜群である、ということですね。

「私がコード33と名付けている状況――売上高、利益、利益率の３つが３四半期連続で加速している状況――を探そう。これは強力な手法だ」
私は数年前にあるウォッチ銘柄でこのコード33を見つけました。「あっ、これミネルヴィニ先生の言ってたやつや」とピンと来たのですが、苦手な超高PBR銘柄だったので鉛筆をコネコネコネコネして迷った挙句買うのを見送りました。そして、その銘柄はその後約5倍になりました（滝汗）。ミネルヴィニ先生、すみませんでした。次にコード33を見つけた時には、今度こそ本当に踏み込んで買います。

4．持ち株は通常4～6銘柄にすべき

ここでは「リスク管理」について述べた、非常に出来の良い第12・13章を見ていきましょう。

「いったん得た利益は自分の財産だ。昨日の利益は今日の元本の一部なのだ。最低でも、私は損益ゼロの水準を守る。私は絶対に、かなりの含み益を損失で終わらせるつもりはない」

「毎日、大引け後に自分のPFを見直す時、次のように自問すべきだ。私は今日、このポジションに強気だろうか？　そうでないと考えるなら、どうして持ち続けているのか？　最初に買った時の理由は、今も有効か？　このようにして、大引け後に毎日、すべてのポジションを率直に評価しよう」

「大きな含み益は損失では終わらせない」

非常に大切なPF管理手法だと思いますし、私もこの言葉を読んだその時から自分の投資の

ルールブックに書き加えました。

「ほとんどの投資家は損切りが遅すぎる。大きな損失を避けることが、大勝するための唯一最も重要な要素なのだ」

毎日のPF管理では私も〝損失のコントロール〟に最大の注意を払っています。日によってはそれしかしないこともあります。具体的には、持ち株を〝含み損順〟に並べて一つずつ調べ、何かおかしいことが起こっていないか、自分が許容できるリミットを超える損失を出していないか？　を厳しくチェックし、必要があれば迅速に損切りをしています。

「大きな調整はすべて、小さな反落から始まる。株価が買値を下回ったということは、タイミングを間違えたということを意味する」

投資家の間違いは、常にマーケットが教えてくれます。市場は間違えることはありません。その〝神の手〟の前では、常に私たちは謙虚でなくてはならないんですね。

「トレードが順調であれば買い増して、そうでないときには減らせば、最も良い時にトレード額は最大になり、最も悪い時にトレード額が最小になる。これが災難から身を守りつつ、大きな利益を得る方法だ」

ミネルヴィニの、そしてモメンタム投資家の考え方というのは、とても理にかなっています。かつて名著『マーケットの魔術師』でエド・スィコータが述べたように「生ある者はすべてトレンドに従っている」んですね。

「持ち株は通常、4～6銘柄にすべきだ。個人のＰＦは最大10～20銘柄で十分に管理できるはずだ」

私は優待族なのでＰＦには大体６５０銘柄前後はあります。ただその中から比較と吟味を繰り返して銘柄を選び抜いており、上位３銘柄でＰＦ時価総額の33％（３分の１）、上位15銘柄で67％（３分の２）程度を占めるような〝スカイツリー型〟の編成としています。

さて、これでこの本の紹介は終わりです。過去のモメンタム投資家達の長所と短所を高い位置から俯瞰し、それを現代流にフィット＆昇華させた、当代ナンバーワンのモメンタム投資家、ミネルヴィニの魅力がたっぷり詰まった極上の一冊です。未読の方は是非。

成長株投資の神

マーク・ミネルヴィニ〔著〕、山口雅裕〔訳〕、パンローリング・2016年

1. 総論

この本は2016年9月初版発行ですが、率直に言って凄まじい出来です。私は例年通り大量に新しい投資本を読みましたが、今までのところこの本が〝2016年のベスト〟です。本当は既にどうしても紹介したい名著の下書きがパンパンに溜まっているのですが、この『成長株投資の神』のクオリティの高さ・メッセージの重要さはただごとではなく、今回無理矢理に割り込む形で緊急登場となりました。

「投資においては、『どこに行けばよいのか』だけでは不十分で、『どうやったらそこに行くことができるのか』を知ることが重要である」

もちろんそんなことはだれでも分かっていますね。投資で成功してビリオネア＝金融資産10

億の世界に辿り着けばよい、そうしたら桃源郷で自由にハッピーに暮らせる。そんなことは元々みんな分かっているわけです。

でも「どうやったらそこに行くことができるのか?」を教えてくれる人はどこにもいない。本当にいないんですね。

この本の真の魅力は、〝実力溢れる、世界最高峰の4人のモメンタム投資家が読者からのどうしても聞きたいガチンコの質問にそれぞれの独自の観点から答え倒してくれている〟点にあります。投資でどの銘柄を買うべきか、いつ買うべきか、そして最も大切なことですがいつ売るべきか、その答が眩いばかりに詰まっている〝知の宝箱〟なんですね。私はこれからこの本を、なんと全7回に分けて熱血紹介していくわけですが、その喜びで今から胸の鼓動が収まらないほどです。

ただその前に一つだけ注意点があります。この本の「成長株投資の神」という邦題はやや読者をミスリードしている可能性があります。原題の「Momentum Masters　モメンタム投資の4賢人（みきまる命名）」の方が内容をより正確に表現しています。

「モメンタム投資」には、バリュー投資にほぼ匹敵する有効性があります。そしてそのことは、モメンタム投資に関する歴史的金字塔である名著『ウォール街のモメンタムウォーカー』で著者のゲイリー・アントナッチが既に余すところなく解説してくれてもいます。「モメンタム投資って何なん?」という方は最初に本書での書評及び私の過去日記で勉強して下さい。そこが分かっていないとこの本の以下の内容が「？？？」ということになってしまいます。

準備はよろしいでしょうか？　それでは次回から４賢者が語る、モメンタム投資の真髄を存分に見ていくことにしましょう。

2. モメンタム投資の4賢人

今回はこの本に登場するモメンタム投資の４賢人について紹介しましょう。

まずは皆様おなじみでこの本の著者である、マーク・ミネルヴィニ。名著『ミネルヴィニの成長株投資法』、永遠の名作『マーケットの魔術師　株式編』（通称「桃本」）でも知られる、世界を代表するモメンタム投資家ですね♪

ここで少しだけ脱線して『マーケットの魔術師』での彼の超名言の数々を味わっておきましょう。

「間違いは許されるが、間違ったままでいることほど許されないことない」

「勝つトレードは、最初から上がるもの」→　モメンタム投資の利点を端的に表した素晴らしい表現です。

「他人がどう思うかなんて無視すべき。ほとんどの人は失敗から学ぼうとするのではなく、忘れようとする。これは大きな間違いです」

クー、どれも痺れる名言ですね。すみません脱線しました。本文に戻ります。

ウィリアム・オニールの一番弟子でオニール社の元マネーマネージャーであったことでも知られるデビット・ライアン。投資本の最高傑作『マーケットの魔術師』（青本）での彼のインタビューも必読ですね。

「ザンガーレポート」というニュースレターの著者で、1990年代後半のわずか18ヵ月で1万775ドルを1800万ドル（約19億円）にまで増やしたことが納税報告書で証明されている、ダン・ザンガー。『新マーケットの魔術師』（白本）で登場する有名トレーダーであるマーク・リッチーの息子であるマーク・リッチー2世。

ふー、凄い顔ぶれですね。この4人が起こす、奇跡の化学反応とは一体どのようなものなのでしょうか？　それでは次回からはいよいよ本文を見ていくことに致しましょう。

3. 〝ミネルヴィニの25〟

ここでは素晴らしい出来である「第3章　ポジションサイズ」の中のベスト・オブ・ベストの部分を見ていきましょう。

適切なポジションサイズについて、ミネルヴィニは「私は、PFの25％を限度に、特定のポジションにできるだけ多くの資金を集中させたいと考えています。1つのポジションに25％の資金を入れていれば、非常に大きな利益を得られるほどの集中投資になりますが、破滅的なことが起きても損失はまだ取り戻せます。この数字は単なる思いつきではありません。数学的に言えば、利益額と損失額の比率が2対1のトレーダーの場合なら最適なポジションサイズは25%です」と述べています。

私はこれを〝ミネルヴィニの25〟と命名しました。というのは過去の自分の戦いを振り返ってみても、そして今現在でも（笑）ＰＦ1位の銘柄のポジションサイズが主力株全体の25%前後であることが多いですし、また私が超Ａ級と考えている極少数の凄腕投資家の方々のＰＦを精密に分析・解析しても、ウェイト順で1位の銘柄のポジションが20～25%の範囲に収まっていることが多いと以前から感じていたので、「実に納得できる数字だなあ」としみじみと思ったからです。

それ以外ではライアンの「株式市場で大きな利益を得るには集中投資するしかない。銘柄の一つがうまく上げて新しいベースを作り、再び上昇を始めたら、そのポジションの比率をもっと高める。要するに、順調に上げているポジションだけを買い増す」という表現も、実にモメンタム投資の考え方をよく表していると思いました。ただ、もう25年以上も長期低迷相場が続く日本株市場では「安全域を取ってもう少し慎重であるべき」とも同時に思います。ま、それは私自身が〝シケモクでしぶしぶ枯山水系のバリュー投資家〟であるからですが（笑）。

さて今回はこのくらいにしておきます。まだまだ続きますよ。

4．勝ち株に乗り続けることが大切

ここでは、本書中でベストの出来である「第9章　トレード管理」についてみていきましょう。この章、本当に凄かったです。

「最高の銘柄はすぐに上げるもの。価格目標を設定することには問題がある。最も良い銘柄は結局、たいていだれの予想をもはるかに超えて大きく上げるもの」

「大金が得られる真の勝ち銘柄は平均をはるかに超えるもの。価格目標を設定するのは、せっかくゲートに入った勝ち馬を撃ち殺すようなもの」

「含み損を抱えているポジションの買い増しはけっしてしません。すでに判断を誤っているのに、買い増しをして状況を悪化させる理由などありません。それらは、がんに似ています。つまり、損失は切るべきものであって、増やすものではありません」

「PFの資産は絶えず、含み損を抱えている銘柄から含み益になっている銘柄に乗り換えていくべきです」

「トレードでは間違えたと分かった瞬間に正すべき。私が増やそうと心がけているのは間違いではなく、お金のほうです。間違えたと分かっているのに、持ち続ける理由はありません」

「利益をさらに増やそうとしている中長期の投資家は全て、ある程度は勝ち株に乗り続ける必要がある」（みきまる注：この表現は心に滲みた。私はバリュー投資家的な観点からどうしても銘柄をファンダメンタルズで判断してしまうので、過去主力株が思惑通りに急騰したときに強いモメンタムを目の前で分かりやすく発揮しているのに、それを無視して指標面だけで既に割高であると判断してしまい、結果として早売りになってしまうことが多かったため）

つまり私達バリュー投資家は、バリュー株として買い、株価の上昇局面をグロース株として我慢してホールドし、ついにモメンタムが失われたときに売却することが必要なのです。

私が「株式投資本オールタイムベストシリーズ」で意識的にトレーダー系、グロース系、モメンタム系の本を多く取り上げているのは、それらの本には特に〝株の売り時〟に関して多くの示唆があるからです。

〝バリュー投資家的観点から銘柄を絞り込んで選択し、トレーダー的観点からその銘柄の売買の適切なタイミングを測る〟バリュー＆モメンタム戦略は実に理にかなっているんですね。

ふー、それにしてもこの章は凄いですね。良すぎて涎が出ます。今回はこのくらいにしておきますが、皆様も是非実際に読んでみて下さいね。

5．皆、相場から欲しいものを手に入れる

第10章の「心理」も素晴らしい出来です。ここではその中から私が最も感銘を受けた部分をご紹介しましょう。

ザンガーは、トレードでの失敗の原因として、「根底に退屈があった」と自己反省している

のですが、私はこの部分を読んだ時に雷に打たれたような衝撃を受けました。

そして同時に、超名著『マーケットの魔術師』の中で伝説的トレーダーである、エド・スィコータが述べた、「皆、相場から自分の欲しいものを手に入れる」との金言をなぜか思い出しました。

というのは、これは私自身の話になるのですが、過去10年間ほど対ベンチマークではずっとまずまず良好な投資成績が続き、また以前より万年金太郎飴として皆様にもおなじみの「優待株いけす投資理論」というストラテジーも金科玉条の如くにほぼ固まっていることから、〝自分は普通にやればベンチマークをわずかに上回る成績は平均的に出せる〟確信がありました。ただその一方で自分の投資手法では、例えば「ベンチマーク＋50％」というような突き抜けた成績もまた出せないことも十分によく分かっていました。

そうした中で、私は「ちょっとつまらないな。ここらでいっちょハイリスクな銘柄で勝負して一発大きく当ててやろう」と山っ気を出し、投資に対してスリルを求めるような心理状態になってしまい、その報いとして大きなドローダウンを今年食らってしまったのです。

私は相場に刺激とサスペンスを求め、大きな代償と共にそれを手にしたのでした。願い通りに〝自分の欲しいものを手に入れた〟わけですね（滝汗）。

6. 小口の一般投資家は機関投資家よりも有利

ここではこれまで紹介して来なかったこの本の中の名言を自分用に個人的にメモしておきます。なお、一部に私独自の要約や改変がありますのでご了承ください。

「小口の一般投資家は主に流動性とスピードの点で、大手の投資信託やヘッジファンドのマネージャーよりもはるかに有利」(30頁、ミネルヴィニ)

これは本当にその通りです。正直〝複数年単位で見れば機関投資家に負けるわけない〟と思っているし、私もこれからも個人投資家の利点を存分に生かして戦って行きたいですね。

「大型株は一般に、私が望むほど成長率が高くないので、通常はけっして持ちたいとは思わない」(59頁、ザンガー)

「時価総額が大きい銘柄ほど私は割り引いて見ます。それは単に、時価総額が大きくなるほど、株価が非効率的に決まる確率が低くなるから。一般にアルファをとらえたいのなら、大型株は割り引いてみる必要があります」(60頁、リッチー2世)

私も大型株投資は全体に報われないことが多いと常に感じており、極力時価総額100億円以下の小型株でPFを作るように心がけています。

「空売りは買いよりもはるかに難しい。私は個別銘柄そのものの空売りは決してしない。その大きな理由は、理論的にリスクが無限大になり得るものをトレードするのが良いとは基本的に

思わないから」(61頁、リッチー2世)
「本命を持たない。自分の相場観ではなく、相場の動きに従いたい。相場は決して間違えないが、相場観はよく外れるから」(62頁、ミネルヴィニ)
「ダマシのブレイクアウトを避ける方法はない。それはブレイクアウトに基づくトレードでは必ずあるリスク。ブレイクアウトでトレードをする人は常に多少は『余計に払う』気がないといけない」(98頁、ザンガー)
これはモメンタム投資の問題点や注意点を端的に示した名言ですね。
「市場全体の売りシグナルが点灯したら、含み損がある銘柄を最初に手仕舞う。市場全般が下落し始めたら、最も弱い銘柄から最も強い銘柄へと並べて、順番に売るかポジションを減らす。私は最も良い銘柄はできる限り保有し続けたい」(137頁、ライアン)
私自身も下落相場では〝最も強い銘柄を残す〟ことを常に心掛けています。このライアンの売りのルールは極めて大切ですね。なぜならこのやり方に従えば少なくとも市場から退場するハメにはまずならないからです。
「市場全般のトレンドは私に真北を教えてくれるコンパス。市場全体のトレンドに逆らえる状況はまれ」(140頁、ザンガー)
ウィリアム・オニールのCAN－SLIMのMそのものを分かりやすく示した名言ですね。
「私は自分の好みの銘柄が買いのポイントに達していないからと言って、他の銘柄の買いを控えることはない。特定の銘柄が上に抜けるまで待つ間に、他の市場の本当の先導株に乗り換えることもよくある。こだわりを持たずに、広い目で見る。自分の主観に従うと、長い目で見れば必ず損をします」（153頁、ミネルヴィニ）

この最後の一文、強烈ですね（汗）。

「リスクにさらす金額の増減を相場の動きに任せれば、思いつきで決めるよりも常にうまくいく」（154頁、リッチー2世）

ふー、本当に素晴らしい名言のオンパレードですね。

7. まとめ

さてこの本の巻末である「第11章　最後に」の中に、彼らのトレードルールが載っているのですが、これがまた金言の嵐なので、今回はその中でも私が特に感銘を受けたものを個人的なメモとして残しておきます。

「決してナンピン買いをしない」
「買った銘柄が買値よりも下げているのをけっして放置しない」
「損切りをして、損を小さくしておく」
「含み損を抱えている銘柄から含み益になっている銘柄に資金を移す」
「勝ち銘柄は持ち続け、負け銘柄は手放す」

「うまくいっているアイデアや戦略に資金を移し、そうでないアイデアや戦略に使っている資金は減らす」

「自分の資産を守るのと同じくらい、自分の感情に注意を払う」

さてこれでこの本の紹介は終わりです。２０１６年発売の中ではダントツにナンバーワンの投資本だと思いますし、これから何度も繰り返し読んで行こうとも思っています。未読の方は是非。

スーパーストック発掘法

ジェシー・スタイン［著］、山下恵美子［訳］、パンローリング・2014年

この本の特徴は著者自身の失敗談が豊富に書かれており、また飾らない本音満載の内容である所です。全投資家必読の新時代の名著ですね。

1. 総論

28ヵ月で1万4972％のリターンを達成したジェシー・スタインによる珠玉の一冊ですね。彼は、ジェシー・リバモア、ジェラルド・M・ローブ、ニコラス・ダーバス、ウィリアム・オニール、マーク・ミネルヴィニらに連なる〝モメンタム投資家〟です。

ちなみにモメンタム投資って何なん？　という方や、過去の偉大なモメンタム投資家の系譜について知りたい方は、以前の人気記事「凄腕モメンタム投資家を見てみよう　2018年編」https://plaza.rakuten.co.jp/mikimaru71/diary/201809220001/　も併せてご覧いただけるとよ

り理解が深まると思います。

さて、この本の監修者・長尾慎太郎氏は「まえがき」で、「本書は、ニコラス・ダーバスの『私は株で200万ドル儲けた』の現代版ともいえるナラティブな相場書」と絶賛しました。

私も長尾氏の意見に1ミリも異論はありません。株式投資の名著が多かった当たり年の2014年でも、一、二を争うほどの間違いのない超傑作ですね。

この本は全体が素晴らしいですが、特に第2、3、4、5、6、7、8、9、10章が良いと思います。えへへ、ほとんど全部ですね（笑）。そしてさらに言うと、「売りのスーパー法則」を徹底解説した10章が特筆して良いと思います。

株で一番難しくかつ大切なのは何と言っても売り時です。なぜならそれが投資成績に最もダイレクトにかつ致命的な影響を与えるからです。

ところが、この株の売り時を分かりやすく徹底解説した本というのは滅多にありません。なぜかというと、〝複雑で確実なものがなく、曖昧で茫漠としており、言語化するのがとても難しい〟からです。ところが、このスタインの名著は投資の〝肝の中の肝〟である株の売り時について真正面から取り組んで解説してくれており、本当に最高の、奇跡の一冊となっています。

それでは次回から数回に分けて、スタインによる渾身の書の大トロの部分だけを一緒に見ていくこととしましょう。

2. 怖がっていては勝てない

ここでは「第2章　あなたが平凡と決別するのは今日」の中から、私が心を打たれた部分を見ていきましょう。

「最も成功する長期の株式投資家は、計算された大きなリスクをとる高度な技術を習得した人々だ」

「成功する投資家は高い自尊心と大きな自信をうまく使う。なぜなら、彼らはビッグトレードを得るためには失敗も覚悟の上だからだ。『怖がっていては勝てない』のである」

この「怖がっていては勝てない」というのはあまり聞くことはないですが〝残酷な真実〟だと思います。仕事を辞めて兼業から専業になった途端、極端にパフォーマンスを落とす投資家の方を実によく見ますが、これは〝このお金は絶対になくすことはできない〟という恐怖心から、今までと同じような大胆で創造性と遊び心のあるトレードができなくなるからだろうと考えています。

「私が何年もかけて学んだことは、将来の大きなトレンドを見つける最良の方法は、集団思考の堕落した影響から離れて、完全に1人でトレードを行うこと」

「世界の最も優れたトレーダーたちは、人から孤立し、孤独を愛し、他人の意見は無視する人たちだった」

これが市場の難しくかつ同時にとても面白い所ですね。一般社会で生きていくために強く要求される協調性、集団思考といったものは、株式投資の世界ではまったく役に立たないばかりか、むしろ積極的に害があるということなのです。実際、私がS級・超A級と評価している投資家の方々というのは、どちらかというと〝ちょっと変人〟であることが多いんですね。

3．あなたのアイデアが主流メディアに登場し始めたら、それは売り時

今回は「第3章　世界で最も良く効く薬」を見ていきましょう。

「マスメディアは99％の一般投資家をわざと混乱させるように構成されている。一般大衆の貯蓄をメディアを操作している『スマートマネー』に静かに流し込むためだ。ニュースはお金儲けとはまったく関係がない」

〝マスメディアが巨大な粗大ごみである〟ということは、テレビや新聞の極端な偏向報道を見れば容易に理解できますね。そしてそれはもう昔からずっとそうなのです。最近のネット社会の発展によって、マスコミの悪事がようやく我々一般大衆にも目に見えて分かるようになってきたんですね。

「この地球上のだれひとりとして、主流メディアで読んだことや見たことに従ってお金を一貫して稼げた人はいない。あなたの投資アイデアを無名のブログで見つけた時には、それは勝つアイデアになる可能性が高い。あなたのアイデアが主流メディアに登場し始めたら、それは売

り時だ。そしてあなたのアイデアが本に登場し始めたら、それは空売りする時だ」

私もある銘柄を主力化しようとした時に、既にほかの投資家の手垢が付いていないか？　ということはかなり重要視します。そして最近では、多くの個人投資家に人気の高い銘柄は〝鮮度の落ちた魚〟である可能性が非常に高いので、可能な限り避けるようにしています。

「市場で最も儲かるのは、だれもが話さないような株だ。マスメディアはこうした株を初期段階で推奨してくることはない。ジャーナリストはプロのマネーメーカーではない。彼らは生活のために書いているだけなのだ」

私はこれまでもそうしてきたつもりですが、これからも極力〝だれもが話さないような、何だったら銘柄名を聞いただけで嫌がって、眉間に深いシワを寄せるような株〟でＰＦを組み上げて戦って行きたいと考えています。

4．金融街の人々はいつもウソをつく

実に歯切れが良くて面白い「第４章　ウォール街の最悪の秘密」を見ていきましょう。

「秀でたトレーダーたちは自分たちにとってできるだけ有利な価格で仕掛けたり手仕舞ったりできるように市場を操作していることは、ビジネスの世界ではよく知られた事実だ。これはウォール街にとっては特に目新しいことではない」

はい、市場は操作されています。私たち弱小個人投資家が戦っているのは、そういうおどろ

おどろしい魑魅魍魎《ちみもうりょう》の戦場なんですね。そしてだからこそ、我々はそれぞれの能力と性格にジャストフィットした〝自分だけの武器〟を持って戦わなくてはならないんですね。

「ゴールドマンは、チャートが『買え』と叫んでいるときは評価を下げ、チャートが『売れ』と叫んでいるときは評価を上げる天才だ。彼らが『買い推奨』を出す目的は、彼らのトレード部門が売りポジションを建てているときにバカ者たち（一般投資家）に買わせることなのだ」

「逆に、『売り推奨』を出す目的は、彼らが買いポジションを建て始めたときにバカ者たちに売らせることなのである」

「ゴールドマンやほかのブローカーのこうした予測は計算され尽くしたものなのだ。彼らは一般投資家の利益などつゆほどにも考えていない。金融街の人々はいつもウソをつく」

「金融街の人々はいつもウソをつく」は本当にその通りだと感じますし、〝投資の世界の不都合な真実〟を射抜いた名言ですね。

そして、これだけ率直に、同時に真っ直ぐな言葉で投資の世界のからくりを書いてくれている親切な本はなかなか他にないとも思います。

5．リベンジトレードは必ず失敗する

今回は「第5章　良いトレーダーになるために」を見ていきましょう。

「口座残高が下がり続けるのを見ると、『リベンジトレード』をしようと躍起になる。リベン

ジトレードとは、失ったお金を取り戻そうとして、問題のある株式に普通以上に大きなポジションを取ることである。プロのトレーダーに聞いてみるとよい。リベンジトレードは必ず失敗すると言うはずだ。

有名な投資家のベンジャミン・グレアムは次のように言った。『知的な投資はテクニックというよりもメンタルな部分が大きい』」

私も決して「リベンジトレード」をしないように毎日強く注意しています。そして具体的には、見込み違いで負けた場合には、ただ〝静かに黙って去る〟。〝右の頬を打たれたら打ち返すのではなく、そのままズルズルと下がり、鼻水を垂らしすすり泣きながら後ろを振り返らずに一目散に逃げる〟ことを心掛けています。

6. あなたの戦略はあなた独自のものでなければならない

今回は、「第6章　システムと簡易性」を見ていきましょう。

「良いアプローチはたくさんあるが、あなたのスキル、才能、個性を最もうまく活用してエッジを創造し、それを持続できるトレードアプローチは一つしかない。指紋と同じように、あなたの戦略はあなた独特のものでなければならない。成功している人々から多くを学ぶことも重要だが、最終的にはあなた自身の戦略、他人の真似事ではないあなた独自の戦略を開発することがあなたの最優先課題である」

私は試行錯誤の末に、自分自身の能力と性格に完全にジャストフィットした〝優待バリュー株投資法〟を編み出しました。そしてそれをさらに少しでもブラッシュアップするべく、日々努力を続けながら戦っています。あなたの独自の投資戦略とはどのようなものでしょうか？

7．バリュートラップ地獄に真っ逆さま

ここでは、「第8章　あなたの有利になるように事を進めよ」を見ていきましょう。

「市場が大暴落する可能性があることを考えれば、こういったありふれた対象に投資すれば、月並みな結果しか出ないことを宣告されたも同然だ。単刀直入に言えば、ＥＴＦの投資家はやるべきことをやりたがらない人たちだ。あなたに有利になるように事を進めるには必要な仕事はやらなければならない」

これは当たり前ながら実に大切なことを言っています。つまり我々アクティブ投資家はインデックス投資家の何倍も、何十倍も努力をしなくてはならないということです。

「成功する投資は将来が全て。私の経験から言えば、キャッシュ残高の多い会社ほど、同業者に比べると業績が悪い」

「キャッシュ残高が多いということは、その会社は成熟企業であり、キャッシュを投資する成長分野がないことを意味する」

「キャッシュを再投資して高いリターンを稼がない企業は長期的に見ると罰せられる」

「キャッシュ残高の多い企業にのみ注目すれば『バリュートラップ』（割安に見えて長年株価が上がらない株）地獄に真っ逆さまだ」

ドキッ！　これはバリュー投資家の亜流である私には、非常に痛い指摘です。主力株はなるだけ〝安全域〟の大きな、グレアム・ドット流の古典的なディープバリュー株で固めたい。でも同時にいつまでも株価がまったく上がらない〝バリュートラップ銘柄〟であっては大変に困るわけで、だからこそ銘柄選択というのは本当に難しいんですね（汗）。

8．勝ち残るにはモメンタム投資の考え方を取り入れることが肝要

今回は、最高の出来である「第9章　ローリスクの仕掛けのスーパー法則」を見ていきましょう。「長いベースを初めてブレイクアウトしたあと、株価の上昇の早い時期に買うのがよい。高品質で平均的なモメンタム株はベースをブレイクアウトしたあと9～12ヵ月にわたって上昇するのが普通だ。早めに仕掛けることが重要だ」

アントナッチの『ウォール街のモメンタムウォーカー』の「フレッシュモメンタムを獲得した銘柄は抜群に強い」というくだりが思い出されますし、名著『バリュー投資』（クリストファー・H・ブラウン著、日経BP社・2007年）での「株式投資のリターンの80～90％は、全体のわずか2～7％の投資期間に生み出される」という名言も自然に想起されます。

そして大切なことは、我々バリュー投資家はどうしてもファンダメンタルズに基づいて売買

をしてしまうわけですが、いったん新しくモメンタム（勢い）を獲得した銘柄はとことん強いので、株価が力強く健全な歩みを続ける限りは一生懸命に我慢して売らず、利益の極大化を目指す必要がある、ということなんですね。

「勝ちトレードは利を伸ばすことが重要だ。投資は思っているほど簡単ではない。あなたの株の大部分は小さな損失になるため、数少ない勝ちトレードに稼いでもらわなければならない」

「勝ちトレードに利を伸ばさせることなく、大きな利益をつかみとることなど不可能だ」

「売りシグナルが出るまでけっして売ってはならない」

素晴らしい。モメンタム投資の考え方が実に分かりやすく文章化されています。

株式投資で勝ち残るには、どうしてもこのモメンタム投資の考え方を自らの中に取り入れることが肝要なんですね。

9．どこで売るかはどこで買うかよりも1000倍重要

今回はこの本の中でベストの章である「第10章　売りのスーパー法則」。この章、凄いですよ。

「売りは市場で成功するためには不可欠な要素だ。これは避けて通ることはできない。どこで売るかはどこで買うかよりも１０００倍重要なのだ」

「買う技術よりも売る技術のほうがはるかに難しい。天井で確実に売る確かな方法はない」

売りの大切さと、その難しさを率直に語っています。ジェシー・スタインの本書の魅力はこ

の〝飾らなさ〟にもあるんですね。

「最良の売り時は、センチメントが極端な状態になったときである。つまり、あなたのエゴが売るなと言っているときである。すべてが素晴らしく思えるとき、すべてが軌道に乗っているとき、前方に障害物がないとき、買うたくさんの理由があり、売る理由がないときに売るのがベスト」

「何ヵ月かにわたって上昇していて、すべてが素晴らしく見え、あなたが数ヵ月前に予測した素晴らしい決算報告が発表され、インベスターズ・ビジネス・デイリー紙があなたの株を特集し、だれもがあなたの株のことを話し始めたら、すぐに『売れ』」

「スーパーストックの上昇が止まるとき、劇的な形で止まることを忘れてはならない。スーパーストックが利益を根こそぎかっさらうのに、上昇するときの3分の1の時間しかかからない。音楽が鳴りやんだとき、瞬間的に売ることが重要だ。まず売れ、質問はそのあとでよい。売らなければならないときでなく、売れるときに売る。これが重要だ」

「まず見ていくのはテクニカルな売りシグナルだ。テクニカルな売りシグナルはファンダメンタルな売り基準よりもはるかに重要だ。なぜなら、テクニカルインディケーターはファンダメンタルな売り理由が現れる前にあなたに売れと言ってくるからだ」

ふー、素晴らしい。この〝売り時はファンダメンタルよりもテクニカルが先に鋭敏に検出する。売りの本質は飛び降り〟というのは、林則行さんも同じようなことを言っていましたね。

「ブレイクアウトから9～15ヵ月上昇した後で売れ。放物線状に上昇したら売れ。値幅が大きくなったら売れ。下のチャネルを下回った落ちるナイフで売れ。間違ったら売れ。3回高値を更新したら売れ。同じグループの株が弱まったら売れ。リスク・リワードが不利になったら売れ。二次売り出しや私募が発表されたらためらわずに売れ。良い決算発表が続き、それが終わったら売れ。株式分割したら売れ。インサイダーが大量に売ったら売れ。ニュースのヘッドラインで売れ。掲示板が熱狂し始めたら売れ。あなたが天才になったら売れ。紛らわしい決算報告が発表されたら売れ。広報活動が派手になったら売れ」

このスタインの「売りの法則」は凄いと思います。

その多くが人間の本能に逆らっており、だからこそ深い説得力があるんですね。正直に言って、この第10章だけで最低100万円の価値はあると思います。途轍もない名著ですね。

さて、長くなりましたが、これでこの本の紹介は終わりです。未読の方は間違いなく投資家人生を損していますので、今すぐ本屋さんかアマゾンに猛ダッシュして買いましょう（笑）。

P.S.【章の最後に一言】

以上、バリュー投資と同等以上の有効性を持つ「モメンタム投資」についての超名著を紹介しました。私達投資家はどのような投資手法を用いるにせよ、何らかの形で〝モメンタムの力〟を自らに取り込むことが大切なんですね。

第3章
インデックス投資のための2冊

ウォール街のランダム・ウォーカー〈原著第12版〉

バートン・マルキール［著］、井出正介［訳］、日本経済新聞出版社・2019年

インデックス投資家からは「効率的市場仮説という宗教の経典」として崇められ、それとは対照的に我々アクティブ投資家にとっては〝邪教の悪魔の書〟として名高いベストセラーですが、「コテコテのアクティブ優待族」である私の評価は……？　結論、アクティブ投資家的な観点から見ても、残念ながら大傑作ですね（笑）。

さてその前にこの〝悪魔の書〟との私の出合いの歴史について話をしますと、私が最初にこの本を読んだのは2001年のことでした。つまり投資家としてのヒヨヒヨの最初期に出合ったのです。「3分の2以上のアクティブファンドはそのコスト高からインデックスファンドに勝てない」という冷厳な事実はまさにこれからアクティブ投資家を目指そうとしていた私には本当に衝撃的でしたし、「株式市場というのはなんと厳しいところなのか！」と思って身がギ

ユーっと引き締まったのを今でも覚えています。

その後2002年の前半までに3回再読し、ほとんどの内容を頭に叩き込んだ上で私は覚悟を決めて灼熱の地獄の日本株市場での戦いに飛び出して行きました。「インデックスに打ち勝つのは確かに生易しいことではないし簡単なことではない。でも自分は今こんなに貧乏であることを考えるとインデックスのパフォーマンスでは到底満足できないし、将来お金持ちになることもできない。そして何よりもインデックス投資は心底つまらない。それに対してアクティブ投資は滅法面白い。人生は一度きりなんだから楽しいことがしたいし、自分の可能性を信じ、極限までの努力を続け、リスクを取って思い切り戦うしかない」。そう思ったのです。

退路を断った私にとって、マルキール博士の言う「インデックス投資で大多数のプロを上回る成績を上げられる」というのはまさに〝不都合な真実〟であり、その日から本棚の奥に追いやって意図的に目に入らないように、読まないように工夫してきました。ただ「株式投資本オールタイムベストシリーズ」を始めようと思ったときに、〝仕方ない。久方振りにあの禁断の書と対面せざるを得ない〟と悟って改めて読み返しました。私の手元にあるのは1999年に発売となった原著第7版となります。

色褪せ、15年前の初々しかった頃の自分の書き込みが多数ある〝禁教の書〟を読み返すのはちょっと不思議で複雑な感覚でした。そして読み終わった私の感想は、「マルキール先生、悪魔呼ばわりしてすみませんでした。やっぱり素晴らしい内容です」というものでした。

この本は全編にユーモアのセンスが溢れとにかく読んでいて面白いんですね。前半の「世界のバブルの歴史」からして素晴らしいですし、その後の１９６０年代、１９７０年代、１９８０年代、１９９０年代にも繰り返し〝市場の狂気と愚かさ〟が現れたという話も何度読んでもニヤニヤしてしまうような味わい深さがあります。

また後半では「市場で成功するための３つのルール」が載っているのですが、

１．今後5年以上の長期利益成長率が市場平均以上の銘柄を買うこと。

２．株価がファンダメンタル価値以上になっている銘柄には手を出すな。

３．投資家が〝砂上の楼閣〟をつくれるようなストーリーが描ける銘柄を探そう。

というのは、妥当で端的な素晴らしい指摘です。特に３．は素晴らしく、マルキール博士が「本当は市場はそれほどには効率的なところではない」と心の中では思っているんだろうなあ、と感じます。またよく考えると私が今６４２５ユニバーサルエンターテインメントを超主力の一角として戦っているのも、〝数年後にフィリピン巨大カジノの胴元になるというストーリー〟が極上の〝砂上の楼閣〟造りに繋がることを高く評価してのことであり、何のことはない、投資家になって15年が経った今でも私はマルキール博士の手のひらの上でずっと遊んでいたにすぎないのだ、と気付いたのでした。

ただ一つだけ、卓越したパフォーマンス記録の多くは偶然によって説明され得るしまた実際に説明がつくという、いわゆる〝ダーツ投げ理論〟はやはり明白に間違っていると思います。その具体例を出すと、『続マーケットの魔術師』で登場しているエドワード・ソープという投資家は、その最初のファンドのＰＮＰ（プリンストン・ニューポート・パートナーズ）で１９６９年11月から１９８８年12月までの19年間運営し、その内の２２７ヵ月で大きな利益を出し、損失に終わった３ヵ月も全て１％未満という成績を出しています。

これは〝コインを２３０回投げて２２７回以上表が出るという確率〟と同じことですが、この確率は無限に小さく、10の63乗分の１となります。これは世界の全人口が投資家で全員がダーツ投げに参加すると仮定しても、その中にエドワード・ソープと同じかそれ以上の運用成績を出す確率が、10の60乗分の１以下しかないということになります。

つまり、効率的市場仮説は明白に間違っているということです。〝無数のサルにキーボードを与えてランダムに叩かせ続けても、決してシェークスピアの戯曲は完成しない〟んですね。ただし、効率的市場仮説が間違っているからといって市場に勝つことが簡単だ、ということには１ミリもなりませんし、マルキール博士のこの著作が歴史的傑作であることは間違いがないと思います。私はこの第７版を再読した後で、２０１１年発売の第10版を購入し改めて読み直しました。やはり素晴らしい内容でしたし、これからは〝悪魔の書〟として敵視せずに、本棚の１軍に戻し、時折手にとって行きたいと思います（笑）。

敗者のゲーム〈原著第6版〉

チャールズ・エリス［著］、鹿毛雄二［訳］、日本経済新聞出版社・2015年

「大半のプロは市場平均に負けている。だが成功する秘訣はある。それはインデックスファンドを買うことであり、アメリカ最高の投資家のウォーレン・バフェットも個人投資家にはインデックスファンドを推奨している」というエビデンスレベルの高い考察とシンプルで力強いメッセージで、インデックス系の投資家の方達の〝聖書〟となっている珠玉の一冊ですね。

1. 原著第3版

私の手元にあるのは1999年発売の原著第3版となります。自分が株式投資の世界に入った最初期に出合って当時何度も読み返した本であり、今回久方振りに懐かしく読み返したのですが改めて良い本だなあ、としみじみと感じました。

私がこの本から学んだ最大のメッセージは、〝投資家は「稲妻が輝くとき」市場に居合わせ

図表4.1　1982〜1990年における米国株式の年平均複利収益率

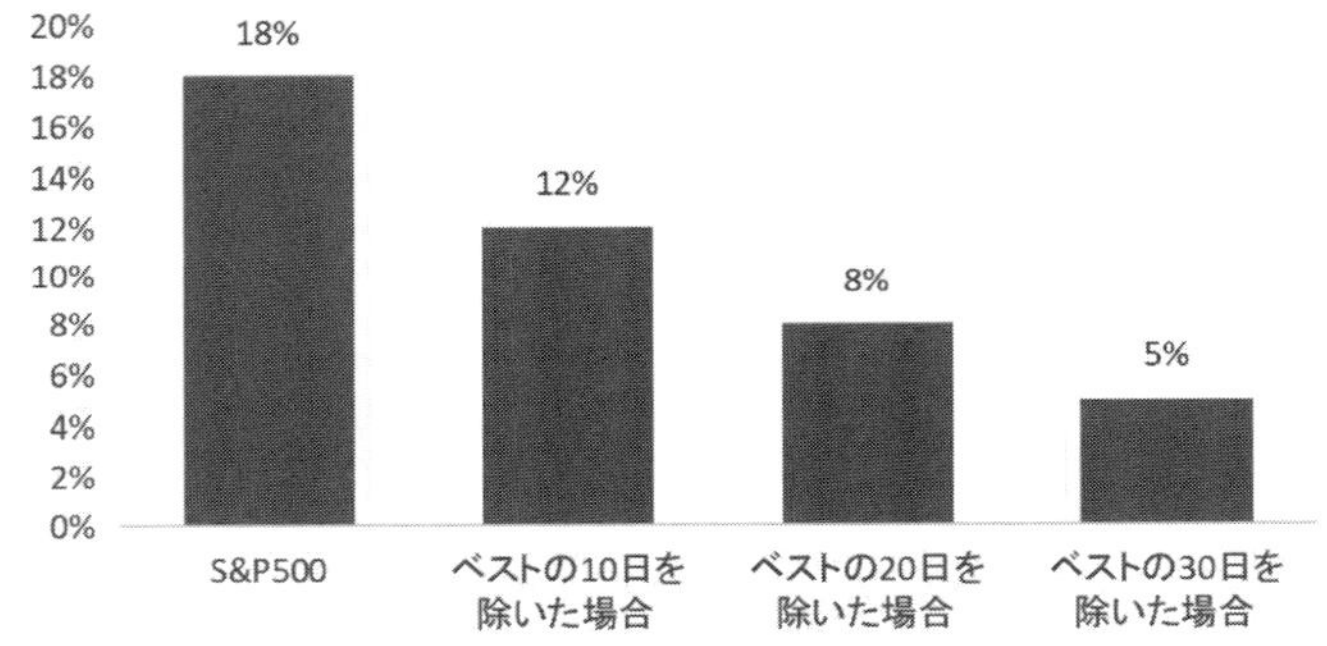

出所：ケンブリッジ・アソシエイツ（『敗者のゲーム』より引用）

なければならない〃という重要な教訓でした。

図表4・1はあまりにも有名なグラフですが、1982~1990年の8年間の期間で市場が上昇したベストの10日を逃しただけでどれほどパフォーマンスが悪化するのか（18%→12%）を示しています。つまり、「我々投資家は良い時も悪い時も、常に市場に留まり続けなければならない、そうしないと『稲妻が輝くとき』を逃してしまう」ということです。

市場の将来を自力で予測して、「マーケットタイミング」に賭けるというのは〃悪魔の囁き〃であり、決して耳を傾けてはならない、というのがこの本のメッセージなんですね。

私がどのような市場環境下でも常にフルインベストメントを貫いてこられたのは、〃赤ちゃん投資家〃だった頃に出合ったこの本の影響が非常に大きかったんだな、と今改めて思います。このような傑作を投資家としての最初期に読むことができたのは幸運だったと感じています。我々アクティブ投資家にとっても得るところの多い、まさに名著ですね。

2. 原著第6版総論

今回から数回に分けて『敗者のゲーム』についてお送りします。理由は、2015年に原著第6版が出版されたのですが、その内容が第3版に較べて極めて洗練されており素晴らしかったからです。それでは始めましょう。

さて「インデックス投資家のバイブル」として本書と双璧を成すのが、バートン・マルキールの『ウォール街のランダムウォーカー』です。こちらも改訂版が出続けていて今は原著12版となっているのですが、版を重ねるごとに効率的市場仮説とそれによる産物のインデックスファンドへの信念と偏愛が深まってきており、正直に言ってその表記は少しおかしいんじゃないかな（?）と感じるページが増えてきています。

それに対して、チャールズ・エリスの本書は版を重ねるごとに、その理路整然とした、むだな表現を削ぎ落とした野武士のようなシンプルさが増し、読んでいてゾクゾクとするほど凄みと切れ味があります。率直に言ってあまたある投資本の中で、ずば抜けて良い一冊です。

これは第3版でも一緒だったのですが、最初の第1部の出来がべらぼうに、失神するほどに良いです。ただ第2部・第3部にも素晴らしい警句が溢れており、明らかな捨てページのまったくない珠玉の内容となっています。それでは次回から、この超パワーアップした第6版のべストオブベストの最高の、鼻血噴出の部分だけを見ていきましょう。

3. アクティブファンドはインデックスに勝てない

今回は最高の出来である「第1章　運用は『敗者のゲーム』になった」を見ていきましょう。「アメリカのプロの運用機関は全体として市場平均に負けている。年間成績では約6割のマネジャーが市場平均を下回る。10年では7割、20年では8割のマネジャーが市場に負けている」

いやあ、何度見ても〝アクティブ投資家として身の引き締まるデータ〟ですね（汗）。本当に、市場平均を上回り続けるというのは大変なことなんだと、改めて実感します。

そしてその理由についてエリスは非常にシンプルに、簡潔に説明してくれます。とてつもなく頭の良い人であるということがすぐに分かるべらぼうに良い文章のオンパレードなんですね。くわしく見ていきましょう。

「機関投資家の大多数が市場平均よりも高い成果をあげられる、という前提は正しくない。なぜなら『機関投資家そのものが市場なのだから、機関投資家全体としては、自分自身に打ちかつことはできない』のだ。機関投資家は、取引所取引の95%を占める。『アクティブ運用の手数料などのコストや、大型取引の市場インパクトなどを差し引けば、運用機関の成績は今後とも市場平均を下回る』だろう」

要は、機関投資家は売り買いをし過ぎるのでその手数料、またファンドに毎年かかる法外でべらぼうな信託報酬、さらには運用資金が巨大過ぎて小回りがまったく効かない〝池の中のクジラ〟なので自分の取引で株価を動かしてしまうマーケットインパクトが大きすぎるので勝てない、勝ちようがないということです。実に分かりやすい説明ですね。

「アクティブ運用手数料の実態は、一部の批判の声をはるかに上回るほど高い。資産に対する比率で見た場合には、個人投資家で1％強、機関投資家で0・5％弱だ。しかしこの方式は適切とは言えない。投資家はすでにその資産を保有しているのだから、運用機関の手数料は、彼らの生み出すリターンと比較すべきだ。その方式で計算すると、手数料は決して安くない。仮に年率リターンが平均8％と仮定すれば、手数料率は個人で12％以上、機関投資家で6％以上ということになる」

「アクティブ運用の『真の』コストとは、ベンチマークを超える『超過利益』に対する『追加コスト』の比率となる。このように計算し直すと『アクティブ運用のコストは驚くほど高い。実際、リスク調整後の超過収益に対するほとんどの投資信託の手数料率を計算すると、なんと100％を超える』。すべてのリスクを負う投資家にはほとんど何も残らない。奇妙なビジネスと言うしかない。このようなビジネスが他にあるだろうか？」

いやあ、痛快ですね。そしてこの話は日本でもまるまる一緒であり、投資するに値するアクティブファンドはほとんどありません。

「投資リテラシーがないのならばインデックス投資、あるのならば信託報酬0で戦えるアクティブ個人運用」。この2つ以外に我々個人投資家に選択肢はまったくないんですね。

4．マーケットタイミングに賭けてはいけない

さて今回は、この本のベストの部分である「第3章　それでも市場に勝ちたいなら」です。「タイミングに賭ける取引がうまくいかないことは、過去に何度も立証されてきた。運用の歴史を見ると、市場が大底から回復する最初の1週間に、株式リターンのかなりの部分が獲得できることは明らかである。しかし、一般にタイミングに賭ける人々は、その時にはすでに手持ちをゼロにしてしまっているので、最もおいしい部分を手に入れることはできない」

このエリスの洞察は深いですね。でも、ツイッターを見てもブログを見ても、〝いや、俺だけはマーケットタイミングを計れる〟という自信に溢れた投資家の方々ばかりです。ところが、そんな彼らの10人中9人までは10年後には市場から黙って静かに退場しているのもまた厳然たる事実なんですね。

「市場の動きはあまりに早く、多くの投資家が頭を切り替えて対応する暇がない。相場の動きに賭けて利益を出すのは無理な話だ」

「年老いた（old）パイロットや、向こう見ずな（bold）パイロットはいるが、向こう見ずで長生きしたパイロットはいない。同じように、市場タイミングで繰り返し成功を味わった投資家もいない。欲望や恐怖心にかられた選択は、たいてい遅すぎるか、間違っている」

「成功した、そして年老いたパイロットになりたい」。私はこの本の第３版を17年前、ピヨピヨのひよこ投資家になったときに読んだその瞬間からずっと思い続けてきました。そして今でもまったく同じ目標に向かって、毎日勉強をつづけながら市場で戦っています。

「過去１０９年間で、ベスト10日を逃しただけで、この間の利益の３分の２を失う」

「長期的に見て投資家が失敗する原因の一つは、激しい下げ相場に遭遇してパニックに陥り、上記のような最大の上げ相場に参加する機会を自ら放棄してしまうことだ」

「投資家は、『稲妻が輝くとき』に市場に居合わせなければならない。相場のタイミングに賭ける投資は間違っており、決して考えてはいけない」

「稲妻が輝くとき」に市場に留まっていなくてはならない。前に述べたように、これこそが、私がエリスの本書から得た最大の教訓でした。投資家１年生の時にこの本に出合えたことは実に幸運でした。そして私は彼の教えを守り、これまでの17年間、良い時も悪い時も常に「フルインベストメント」を貫いてきました。そしてだからこそ、私は〝一度も稲妻の輝く瞬間を逃すことなく〟ここまで静かに歩き続けて来られたのです。

図表４・２「１９８０～２００８年の間でベストの何日かを逃した場合のリターンへの影響」は、何回見ても身が引き締まります。私達投資家はどんなに大荒れだったとしても、何回波に揉まれようとも、〝市場という荒海〟に常に留まり続けなくてはならないんですね。

図表4.2　1980〜2008年の間でベストの何日かを逃した場合のリターンへの影響

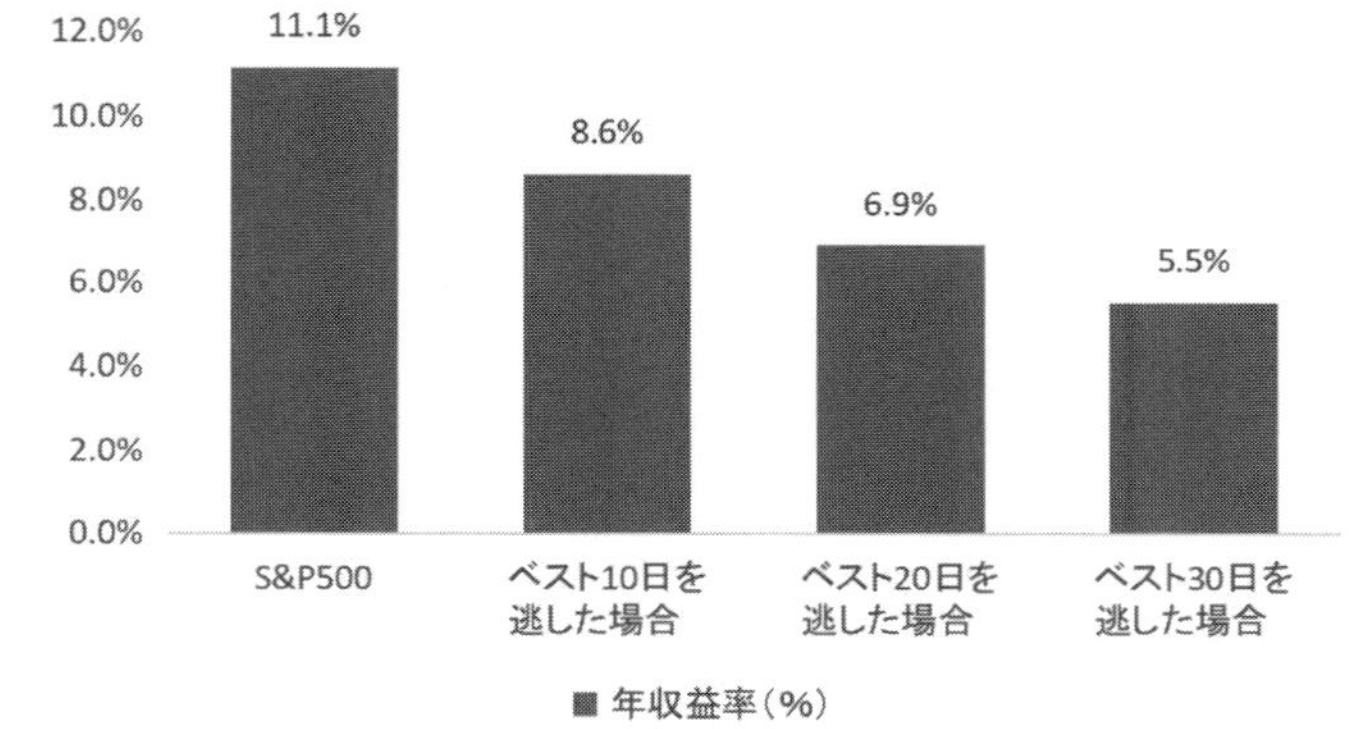

出所：ケンブリッジ・アソシエイツ（『敗者のゲーム』より引用）

5．インデックスに勝つには？

私がこの本が本当に凄いと思うのは、アクティブ投資家的な観点から読んだ場合に、〝インデックスに勝つためのヒント〟が綺羅《きら》星のごとく、散りばめられていることです。

そういった観点から彼の金言を見ていきましょう。

「インデックス・ファンドの議論は米英・日本の大型株市場など最も効率的な市場でよりあてはまるものである。市場の厚みや広がり、すなわち効率性に欠ける新興市場を対象として、その市場構造に近いファンドを作ることは必ずしも容易ではない。言い換えれば、『効率性の落ちる市場においては、逆にアクティブ運用が勝つ可能性も出てくる』ということだ」

この表現は素晴らしいですね。つまり、資金力の限られた我々アクティブ個人投資家は、逆にその欠点を生かして、資金力が大きすぎる〝図体のデカい恐竜〟である機関投資家が参入できない領域に限りなく特化して戦うべきであり、「小型株効果」を存分に使わなくてはならない、ということなんですね。

「投資家は常に高いレベルの知識と技能を維持できるわけではない。むしろ、その水準は常に変動する。とすれば、いつでも『待った』をかけて、インデックス・ファンドに投資できることは大きな利点である」

これも素晴らしい指摘ですね。以前の日記で書いたように、〝投資家の能力はろうそくの炎のように揺らぎ増減する〟ものです。私は自分自身を含め、多くの投資家の方々がある時は光り輝き、その後悲しいことに衰えて劣化していく様を見つめ続けてきました。「かぶ1000*」さんのように〝常に確実にインデックスを上回ることができる〟投資家などほとんどいない、1000人の投資家がいれば上位のほんの2、3人であるというのが実情なのです。

私は正直に言って、今現在の自分の力量からすれば〝数年単位で慣らして見れば確実にインデックスを上回るパフォーマンスを上げることができる〟と確信しています。実力でいえば残念ながら「かぶ1000」さんを明白に下回るし、同時に成績の安定性も著しく欠いているのですが、それでも個人投資家が1000人いれば、恐らく上位の10~20人くらいには入るところだろうと感じています。ただ同時にそれは日々の死に物狂いの努力を前提としてのことであり、今のレベルの投資への熱量を30年後にも維持できるか？　と問われれば、きっとそれは無理だ

＊「かぶ1000」さん　～バリュー投資手法の創始者であるベンジャミン・グレアムのディープバリュー株投資手法を用いて、日本株市場で長年良好な投資成績をマークし続けている凄腕投資家。

ろうと思います。そもそも既に死んでしまっていてこの世にいないかもしれないですし（笑）。

そして、いつかは力量が落ちてインデックスに勝てない日が来るだろうとも覚悟しています。私はそれがとても怖いですし、だからこそ日々極限まで勉強を続けながら戦っています。でも、いつかは私も必ず衰える。

しかし、残酷な〝その日〟が来ても、私には〝インデックス投資という逃げ場〟が残されています。戦いに敗れ落ちぶれても、〝いつでも平均点を取れる楽園〟が待っていてくれるのです。そしてだからこそ、しっかりとした安全弁があるからこそ、私は毎日勇気と知恵を振り絞って市場で戦い続けることができているんですね。

脱線しました。本文に戻ります。

「現実には、平均以下にリスクを抑えて、常に市場平均を０・５％上回る成果をあげられれば大成功と言えるが、それを長期にわたって実現し続けられる運用機関など、ほとんどなかったのである」

これがマーケットの厳然たる事実です。ところが、我々弱小個人投資家はその資金力の少なさを生かして、「優待バリュー株インデックス投資法」という伝家の宝刀を抜くことで、この〝０・５％〟を確実に稼ぎ出すことができます。これは実はとても凄いことですし、以前から私が述べているように、〝機関投資家よりも個人投資家の方が有利〟でもあるのです。

■コラム「優待バリュー株インデックス投資法」とは

今回は「優待バリュー株」という今では広く一般に用いられている単語の〝生みの親〟であり、またこの道一筋15年でもある私が、皆様のご購読への感謝を込めて、〝負けない優待バリュー株〟を選ぶ、たった2つの簡単な方法を特別に伝授しましょう。

私たち優待族の伝家の宝刀ともいえる、負けないための古典的な銘柄選択条件、それは、

1．PBR×PERが11・25以下（グレアムのミックス係数「22・5」の半分以下）

2．配当＋優待の総合利回りが4・0％以上

この2つを同時に満たすこと、です。そして条件を満たす銘柄をバルクでたくさん買ってポートフォリオ（PF）を組み上げ、かつ定期的に条件に合わなくなった銘柄を外してより良い銘柄に入れ替えるというメンテナンスをしていけば、〝数年単位で慣らして見ればほぼ概ね〟TOPIXなどのベンチマークに負けることはありません。これが私がオリジナル開発した、「優待バリュー株インデックス投資法」です。

これは単純で機械化された投資法でありながら、同時にインデックス投資を上回るパフォーマンスを期待できる、優待バリュー&インデックスの素敵なマリアージュを楽しめるやり方です。

株式投資では複雑すぎる投資手法は時を超えません。パラメータ、変数の多すぎるやり方には永続性がありません。

今回私が提示したやり方は単純で簡単ですが、ベースには堅牢なスクリーニング手法として現在永

続的な評価を得ているグレアムのミックス係数をより厳しくして採用、さらに優待バリュー株手法として長年通用してきた「総合利回りの法則」を掛け合わせたものです。是非、多くの方に試していただきたいと考えています。

「優れた実績を上げたファンドが勝ち続けるのも不思議ではない。唯一の問題は、最高のヘッジファンド同様、最高のベンチャー・キャピタル・ファンドは、新規投資家には閉ざされている。『一口に言えば、投資したいと思うようなファンドには投資できない』ということだ。コメディアンのグルーチョ・マルクスも言っている。『自分をメンバーに受け入れてくれるようなクラブには入りたくない』」

これもその通り。世の中にはインデックスで勝ち続けているファンドも個人もたくさんいますが、彼らは資金量が大きくなり過ぎるとパフォーマンスに致命的な悪影響を及ぼすことがよく分かっています。だから受け入れる資金量とその相手を厳しく吟味・制限しています。

弱小個人である我々が〝憧れの倶楽部のメンバー〟に入れる可能性はない。そして仮にもしも受け入れてくれたのなら、それは間違いなく、時代遅れの赤いベロアの破れたソファーに安酒の臭いただよう場末のスナックのような、酷いクラブに違いないのです（笑）。つまり〝私たちはどこまでも「自分の力だけで」戦うしかない〟んですね。

さて、これで『敗者のゲーム　原著第6版』の紹介は終わりです。読むたびに新しい発見のある、最高の一冊ですね。インデックス投資家にもアクティブ投資家にも間違いなく必読の神本です。未読の方は是非。

P.S.【章の最後に一言】

市場に負けない、という意味では「インデックス投資」に勝るやり方はありません。私達投資家は〝いつでも絶好調〟というわけにはいかないですし、いつでも平均点が取れてかつ簡単であるインデックス投資について学んでおくことは重要ですね。

第4章
「マーケットの魔術師」シリーズ

♛マーケットの魔術師

ジャック・D・シュワッガー［著］、横山直樹［監訳］、パンローリング・2001年

損切りの大切さをこれほど分かりやすく教えてくれる本は貴重です。〝シリーズ最高傑作にして100年後にも名著間違いなし太鼓判〟の時を超える名作ですね。

1．総論

本書の初版がアメリカで刊行されたのは1989年のことです。また『マーケットの魔術師』シリーズはこの青本を第一作として今までに白本、桃本、紫本と第4弾まで出ています。そしてその4冊全てが素晴らしい本であり「株式投資本オールタイムベストシリーズ」に全てが入賞する出来ばえでもあります。ただその中でも多くの方が、この最初の青本を〝投資家人生最高の一冊〟と賞賛し、同時にシリーズ最高傑作と呼ぶのは、この本の中にマーケットで打ち勝つための〝普遍的な真理〟が多く散りばめられているからでしょう。

著者のジャック・D・シュワッガーは本の中で、「市場の真実は時代が変わっても普遍。市場は人間の本性を反映するものである。人間の感情は一世紀前も、一世紀後も変わることはない」と述べています。この本の魅力は時代を超越しています。今から100年後も間違いなく名著であり続けているでしょうし、仮に未だに読んでいない投資家の方がいらっしゃったら、それは〝投資家としての基礎的素養に欠ける〟ことと同義といっても過言ではないでしょう。

この本は1ページ1ページが珠玉の宝物のような奇跡の一冊なのですが、その中でも私が最も気に入っているのが1970~1980年代の最高のトレーダーと呼ばれたエド・スィコータの、「年をとったトレーダーはいる。大胆なトレーダーもいる。しかし、年をとって大胆なトレーダーは非常に少ない」というフレーズです。

そしてそこに辿りつくために必要なことを問われたスィコータは、「1に損切り、2に損切り、3に損切りだ」と述べました。私もスィコータの金言を常に胸に抱きながら、〝自分は年をとっても大胆なトレーダーでありたい〟と強く願っています。

2. エド・スィコータの名言に酔いしれる

さて私は毎日大量の投資本を読みながらご機嫌で株式投資をしているわけですが、その中には頻繁に参照する名著中の名著があります。それは具体的には、「株式投資本オールタイムベストシリーズ」の中の『生き残りのディーリング』や『オニールの成長株発掘法』などなのですが、実は一番よく手を伸ばすのは『マーケットの魔術師』シリーズになります。

そしてその中でもシリーズ第1作の「青本」を最も愛でているのですが、実はさらにその中でもダントツに頻繁に読み返すのが、1970年代〝世界最高のトレーダー〟として知られたエド・スィコータの至高のインタビューになります。

そこで今後の自分自身の利便性のために彼の名言の数々を特別にまとめておきます。

彼のトレードスタイルは基本的にはトレンドフォローのシステムだったのですが、彼はその理由を「多くの良いシステムはトレンドに追随することをベースにしている。生ある者はすべてトレンドに従っている」と説明しました。私は初めてこれを読んだ時に「なんて分かりやすい説明なんだろう」と感銘を受けました。

「もし僕が強気だったら、押し目を買ったり、強くなるのを待つということはしない。その時点でもうすでに買っているんだ。強気なのに買っていないのは、非論理的だ」↓　素晴らしい。本当にその通りですね。

「良いトレードの要素とは、1に損切り、2に損切り、そして3に損切りだ。もしこの3つの法則に従うならば、誰にでもチャンスはめぐってくる」↓　これぞ正に至高の名言ですね。

私はこの〝スィコータの3原則〟を常に心において毎日の相場を戦っています。

「損切りは早く、利食いはじっくり、躊躇なくルールに従う、ルールを変えるべきときを知る」↓　これほどの歯切れの良い表現はスィコータ以外にはできないでしょうね。

「トレードをしていく上で自分より優れたトレーダーを探すんだ。そして自分でも好きになれそうなやり方を何か見つけることだ」↓〝パクリュー投資のススメ&自分に合った投資手法の大切さ〟を語ったこのアドバイスも本当に深いですね。

「昔もそうであったように、市場は5年前や10年前と同じだ。なぜならそうであったと同じように変わり続けているからだ」↓市場は常に変わり続ける。だから努力を怠る投資家はその場に留まれるのではなくズルズルと後退しているのだ、という鮮烈なメッセージですね。

彼の「負けるトレーダーが勝てるトレーダーに変身できることはほとんどない」という指摘は〝残酷だが同時に鋼鉄の真実〟だと思います。

そしてスィコータの一番の名言が有名なこれ。

「勝っても負けても、皆自分の欲しいものを相場から手に入れる。負けるのが好きなように見える人もいる。だから、彼らは負けることによって手に入れるんだ」

この「皆、相場から自分の欲しいものを手に入れる」というのは考えれば考えるほど真実だなあ、と感じます。株式市場をパチンコや競馬のようなギャンブルと同義に考え、スリルやサスペンスを求めて来る方は多大な金銭的ダメージと引き換えに望んだそれらを手に入れることが多いですし、努力と謙虚さと規律を保ち妥当な対価としての金銭的報酬を求めて来る方も、やはり望んだものを手にすることが多いと思います。

最後にスィコータのインタビューの一節を引用します。

「トレードの成果は、たぶん自らが認識している以上に自分自身の選好を反映している。利益を増やす最良の方法の一つは、目標を立て、それを実現させていくこと。つまり意識と潜在意識を金儲けと調和させること」

さて、あなたが相場から最も欲しているものは一体何でしょうか？

3. ポール・チューダー・ジョーンズ

実は「青本」の中でもダントツに読み返すのが、前回紹介したエド・スィコータのインタビューに並んでポール・チューダー・ジョーンズの記事になります。

彼はテクニカル投資で驚異的な成功を収めたスーパートレーダーであり、その言葉の一つ一つには純金よりも遥かに光輝く至高の価値があります。ここでは、そんな彼の宝石のような名言を一緒に味わっていきましょう。

「『この相場はもう誰も売って来ない』と2度目のミーティングで彼は強調した。このように短期間で180度考えを転換したことに、ジョーンズの成功の根底にある優れた柔軟性が現れている。彼は当初のポジションを素早く手仕舞っただけでなく、いったん自分の見通しが誤っていることが明らかになれば、進んで逆の側につく」

優れた投資家というのは、とにかく〝柔軟性に優れている〟んですね。そういえば外資系金融出身で「恋愛工学」で有名な藤沢数希さんも「恋愛と投資では、状況が変われば瞬時にいつでも前言を翻してよい。そういうルールの世界なんだ」というようなことを語っておられましたが、この複雑で変幻自在なマーケットで生き抜くにはくらげのような心の柔らかさが必要なんですね。

「日々、できるだけ幸せでリラックスするように努めている。もし自分に不利なポジションを持ってしまったら、素早く手仕舞うようにしているし、有利な方に動いたら、持ち続けるようにしている」→この言葉には、モメンタム投資家の考え方がよく表れていますね。

「私はいつも儲かった場合ではなく、損した場合のことを考えている」→マックス・ギュンターの「運の良い人は悲観的推測に基づいて行動する」という名言を思い出しますね。

「リスク管理はトレードにとって最も重要なこと。損をするに従ってポジションサイズを落としていく。私はトレードがうまくいかないときはポジションサイズを落とし続ける。そうすれば、トレードの状態が最悪になっているときに最小のポジションになる」→トレードは0か100ではなく、うまく行かないときは断続的に70→50→30と可変的に落としていけばいい、ということですね。言い方を変えれば〝常に正しくあろうとはしない。しょせん無理なのだから〟ということだろうと思います。前世紀の大投資家ジェラルド・M・ローブはこれを「ステップシステム」と呼んでいましたね。

「ナンピンをしないこと。トレードがうまくいかないときは枚数を減らすこと。うまくいっているときには枚数を増やすこと。コントロールができないような局面では決してトレードしないこと。例えば、私は重要な発表の前には多くの資金をリスクにさらすようなことはしない。それはトレードではなくギャンブルだからだ」

「もし損の出ているポジションを持っていて不快なら、答えは簡単だ。手仕舞うだけだ。いつでも相場に戻って来れるのだから。新鮮な気持ちでスタートを切るのに勝るものはない」↓どうでしょう。ジョーンズの言葉って凄くないですか？　簡潔で分かりやすくて、心の中にすーっと入ってきます。超一流の投資家の言葉は、とてもシンプルなことが多いんですね。そして、多くのＳ級投資家が口を酸っぱくして繰り返し述べていることですが、〝絶対にナンピン買いをしない〟ことも本当に大切ですね。

「トレードで最も重要なルールは巧みな攻撃をすることではなく、巧みな防御をすることだ」↓これは本当に大切なことです。そして私が優待バリュー株投資を専門にして戦い続けているのも、これが特に下げ相場に強い、防御力の高い投資法であるからなんですね。

「英雄を気取ってはいけない。自己中心的な考え方をしてはいけない。常に自分自身とその能力を疑ってみる。自分はうまいんだなどと思ってはいけない。そう思った瞬間、破滅が待っている。成功するためには脅えていなくてはならない。私が大きくやられるのは、いつも大きく稼いだ後で、自分は何かをつかんだと思い始めた時だ」↓これが世界最高のトレーダーの一人と評されるジョーンズの言葉です。驚くほどの謙虚さ。彼にしてこの心構えなわけですから、私達市井の街角投資家は〝常に頭が地面につくほどに謙虚〟でなくてはならないんですね。

「私の強みの一つは、現在までに起こったことを何でも歴史のように見ているということだと思う。私は3秒前に相場で犯したミスはまったく気にしない。私が気にするのは、次の瞬間から何をしていくかということだけだ」

この「何でも歴史のように見る」という視点は、初めてこの本を読んだ時に鮮烈な印象を持ちました。スーパートレーダーが特別な存在であり続けている秘密の一端を垣間見た気がしましたし、私も常に彼のこの言葉を意識しながら日々の相場に向かっています。

「……相場は下がらなかった。私はまず最初に線路に耳を当ててみるんだ。私は価格の動きがまず先で、ファンダメンタルは後からついてくるといつも信じている」

この「テクニカルがファンダメンタルに先行する」という局面は実際の相場で頻繁にありますね。市場には「インサイダー」が厳然として存在しますし、私も〝テクニカルが放つ危険信号〟を決して甘く見てはいけないといつも肝に銘じています。

いやあ、思わず時を忘れて語り尽してしまいました。改めて、この「青本」の凄さに痺れますね。

4. マイケル・スタインハルト

さて本書の中でも、エド・スィコータ、ポール・チューダー・ジョーンズの記事にならんで非常によく読み返すのが、マイケル・スタインハルトのインタビューになります。

ここでは「ヘッジファンドの帝王」と呼ばれた、彼の珠玉の言葉を見ていきましょう。

「この21年間を振り返って見ると、成功の事例に決まったパターンはありません」
「実際に決まったパターンはないという事実にこそメッセージがあると思います。成功のための方法を定式化できると思ったら大間違いでしょうね。すぐに変わってしまうものなのです」
「ある期間定式化した方法がうまくいくと、その後には避け難い大きな失敗が待ち受けているのです」

このスタインハルトの言葉は何度読み返しても身が引き締まります。私は「優待バリュー株投資」という、自分なりの必勝法である〝型〟を持った投資家ですが、その基本哲学は守りながらも常に新しいアイデアを取り入れ、少しでも自分の手法をブラッシュアップしていくように日々努力を続けています。そうしなければ〝常に変化し続けている〟株式市場では生き残り続けられないことが分かっているからです。

「私がパーティーにもっていくものは28年にわたるミスの積み重ねだ」
「私が行っているトレードの利点の一つは、多くの決断とミスをさせてくれるところです。それを糧にして、私は長年賢明な投資家でいられるのです」

私も「優待バリュー投資家」として生を受けて19年ですが、これまで数限りないミスや過ちを繰り返してきました。そして残念なことに今でも同じことを繰り返しています。でも自分の〝ミスのバリエーション〟が増えるたびに、少しずつタフな投資家になることができていると

も実感しています。

「父は生涯ギャンブラーでした。この仕事はギャンブルに通ずるところがあると思いますね。父の才能を受け継いだのでしょう」

スタインハルトの父親は〝ほとんど99・7％くらい裏社会の人間〟で、宝石の故買で財産を築き、その一生をギャンブルに明け暮れた人間でした。スタインハルトの母親とはとっくの昔に離婚していてその関係性は複雑でしたが、彼なりに息子を愛し、ある日突然スタインハルトの前に現れて「ペンシルバニア大学のウォートン校に入れるかやってみろ。入れたら費用はおれが出してやる」と提案し、元々成績抜群だったスタインハルトは見事に合格して、それがその後の彼の大きな成功にダイレクトにつながったのでした。アメリカは超学歴社会ですからね。

ちなみにスタインハルトの父親がどんな人物だったのかについては、スタインハルトの自伝である『ヘッジファンドの帝王』（パンローリング・２００６年。傑作です！）に詳しく、面白く書いてあります。スタインハルトが父親を憎むと同時に深く愛していたことが分かる味わい深い一冊です。〝父と息子の物語〟の鮮烈さに、その魂の純粋なぶつかり合いに、私は読んでいて思わず涙がこぼれました。こちらも最高の一冊なので、未読の方は是非。

話が大幅に脱線しました。本文に戻ります。

「大事なアドバイスは、とても競争の激しい仕事だと認識すること。そして、株を売ったり買ったりするときには、人生の大半を賭けて努力している連中と競争しているのだと認識することです」

「良いトレードとは、自分のアイデアを追い続けていく信念と間違いを認める柔軟性の間の微妙なバランスで成り立っているのです。確信と謙虚さのバランスは、幅広い経験とミスから学ぶのが一番です。反対側で売買している人間にも見通しがあるはずです。なぜ彼は売るのだろう。自分の知らない何を知っているのだろう。常にそう自問するのです」

「自分の反対側にいる人間は何を知っているのだろう？　これを意識しながら戦わなくてはならないんだ、自分が『安い安い』と喜んで買っているその反対側には『高い高い』と思って売っている『誰か』が必ずいるんだ、『彼が売る理由』に思いを馳せることは極めて重要なんだ」

私はこのスタインハルトのインタビューを読んで初めて、〝反対側の人〟について考える重要性に気付いたのでした。

さてこれでスタインハルトのインタビューの紹介は終わりです。どうです？　震えがくるほどに凄くないですか。改めて「青本」は最高ですね。これからも私が投資家を続ける限り、一生繰り返し読み続けていきたいと考えています。

新マーケットの魔術師

ジャック・D・シュワッガー［著］、清水昭男［訳］、パンローリング・1999年

名作揃いのマーケットの魔術師シリーズの第2弾です。シリーズの中では一番出来が悪いですが、それでもトータルで見ると神レベルの一冊となっています。

1．総論

ジャック・D・シュワッガーによるマーケットの魔術師シリーズは現在までに4冊が発売されているわけですが、この「白本」はその中では最低の評価となります。その理由は後半の第6章の金儲けマシーンあたりの話なら、第4弾『続マーケットの魔術師』第2部のグローバルマクロ戦略のトレーダー（レイ・ダリオやコルム・オシア）たちの話の方がより新しく進化していてさらに深いし、第7章のトレーディングの心理学の話ならマーク・ダグラスの『ゾーン』や『規律とトレーダー』（パンローリング・2007年）などの方が圧倒的に出来が良いからです。

ただこういった大きな減点ポイントがあってもなお、この本は名著であると思います。私がこの本で最も印象に残っているのは、ビル・リップシュッツの「全てのポジションを一度に構築したり、閉じたりしなくてもいい。ほとんどすべてのトレードで売り下がり／買い上がりの、スケールで取引を行う。要はある程度のポジションを初めに積んで、その後、スケールに応じてポジションを積み増していく」という〝スケールで取引を行う〟話でした。

というのは、元々の私自身のやり方が大きな「優待株いけす」を常に持って、その中から良い銘柄は総合戦闘力に応じてどんどんとPF上位へ上げ、そして駄目な銘柄は逆にどんどんとPF下位へ落としていくというものだったので、このリップシュッツの話を初めて読んだ時に、「あ、これ自分が今までやってきていたことに似てるな」と感じて、その理論的な補強材料を得ることができたからです。

それ以外では、驚異的な勝ち組として知られたトレーダー集団タートルズの生みの親の一人として知られているウィリアム・エックハートの、「一般原則として、快適さを与えてくれるトレードは避けるべき。押し目で買うのは心理的満足を得るための気晴らしにすぎない。結局取引自体を逃してしまったり、高値で買わなければならなくなる」というのも印象的なフレーズでした。

ま、以上を一言でいえば、〝マーケットの魔術師シリーズは最高すぎる〟ということです。一番出来の悪いこの2冊目ですらベスト20に入れざるを得なかったわけですからね。マーケットの格言として知られている名言の中でこのシリーズが元ネタになっているものは凄く多いですし、マーケットの魔術師シリーズ全4作を読破していることは、投資家としての〝必須の教養〟であると考えています。

2. スタンレー・ドラッケンミラー

ここでは、ジョージ・ソロスの下で、柔軟さと多様性の極意を身につけた〝テクニカル派の巨人〟スタンレー・ドラッケンミラーの珠玉のインタビューを見ていきましょう。

「ジョージ・ソロスの投資哲学で、私が受け入れたものがあります。それは、長期的な収益を築き上げるには、資産を保ち、ホームランを打つこと、なのです」

「多くのファンド・マネージャーたちは、いったん30〜40％の収益を上げると、その年を終えてしまいます」（残りの期間、既に実現した素晴らしい収益を危険にさらすことのないように、注意深くトレードを行う）

「本当に素晴らしい長期収益を達成する方法とは、30〜40％の収益が上がるまで努力を重ね、そしてもしもその時点で確信を持てるのであれば、１００％の収益を目指す、ということなのです」

このドラッケンミラーの指摘は〝人間の心理の盲点〟を突いていて鋭いなあと思いました。言われてみると、私も投資成績が良好な年（特に対インデックスで良い時）には年の後半になると、少しホッとして気が抜けて、PF管理にかける時間が短くなってしまうことがあるのですが、それは〝心の罠〟であり、最後の最後まで全力で駆け抜けることが大切なんですね。

「最も重要なことは、マーケットの見通しについて正しいか間違っているかということではなく、正しければいくら稼げ、間違っていればいくら損するか、ということ、なのです。私は何度かソロスに非難されましたが、それは私が本当に正しいマーケットの見通しを持っていたにもかかわらず、その機会を最大限に利用しなかった時でした」

「……そのポジションは、思惑通りの成果を出し始め、私はそれをかなり自慢に思っていました。ソロスが私のオフィスに来て、われわれはそのトレードについて話しました」

「『ポジションのサイズは？』と彼に聞かれました。私は『10億ドルです』と答えました。『それでポジションと呼べるのか？』とソロスは吐き捨てるように言い、私にポジションを2倍にするように勧めました」

「ソロスは、もしそのトレードに強い確信を持っているなら、すべてを賭けて勝負しなければならない、と教えてくれました。『貪欲になる勇気が必要』なのです」

この「それでポジションと呼べるのか？」という、ソロスの言葉は、私達投資家の中では〝伝説の名言〟となっています。そして私はある銘柄を主力として戦う時には常にこのソロスの言葉を思い起こして、本当に自分の〝確信度に応じた大きなポジションサイズ〟になっているかを自らに問うようにしています。

私達投資家は、〝正しい時には大きく勝つ〟ことがどうしても必要なんですね。

「基本的なマーケットの真実の一つは、勝たなくてはいけないとき、勝つことはできないというものである」

「マーケットとは、切羽詰まった状況から生まれる不注意さを決して許さない、非情なところなのである」

「古いウォール街の格言に、『おびえたカネで勝つことはできない』というのがある。その理由は単純である。負ける余裕のないカネを危険にさらせば、トレードの感情的な落とし穴が全て増幅されてしまうからである」

「自暴自棄になったトレードに付随する不注意を、マーケットが大目に見てくれることはないのである」

この「おびえたカネで勝つことはできない」という格言も、自分が常に心に留め置いている言葉です。私の観察によると、少額の資金で高いレバレッジをかけて戦っている投資家の方は、非常に高い確率で数年以内に市場から淘汰されて去っています。この理由も、〝心理的に極めて不利な状況で戦っているので、メンタルが持たない〟からではないでしょうか?

3．ビクター・スペランデオ

今回は、ポーカープレーヤー出身の魔術師、ビクター・スペランデオについて見ていきましょう。

「……先の生命保険の例で言えば、株式市場に参加する大部分の人は、20歳と80歳の市場年齢による違いを認識していないのです。マーケットがどの段階にあるのかを知らずにトレードするのは、20歳の青年と80歳の老人に同額の保険料で生命保険を販売するようなものなのです」

これは、ポーカープレイヤー出身のスペランデオらしい、数学的でかつ分かりやすい表現ですね。そして市場サイクルの〝今、どこにいるか〟を感じ取ることの大切さは、超名著『投資で一番大切な20の教え』（日本経済新聞出版社・２０１２年）で、著者のハワード・マークスも繰り返し述べていましたね。

（インタビュアーのジャック・D・シュワッガーの質問）「知性とトレーディングでの成功との間に、何か相関関係はありましたか？」

（スペランデオの答）「絶対にあります。しかし、一般に考えられているようなものではありません。私が訓練した人たちの一人に天才がいました。知能指数は１８８。テレビのクイズ番組に出演して、すべての出題に正解した男でした。しかし、彼は5年間で、たったの10セントも稼げませんでした。ただ知識を与えるだけではトレードの教育にならない、と私は悟りました。トレーディングで成功する秘訣は、感情を管理することにあるのです」

「トレーダーとして成功するためには、自分の誤りを認める度量がなければなりません。トレーディングに関しては、自分の誤りを素直に認める人が勝利への道を歩むことになるのです。トレーディング以外には、恐らく、自分の過ちを認めなければならない職業は存在しないのです。トレーディングでは自分の失敗を隠せないのです。トレーダーにとって理屈をこねることは、最終的な破産へと進む確実な道を辿ることなのです」

我々投資家にとって、自らの過ちを素直に認めることは必要不可欠な能力です。なぜならマーケットでは〝100％常に正しい〟ことなどはあり得ず、あらゆる投資家が失敗を犯すからですね。

さて、これでスペランデオのインタビューの紹介は終わりなのですが、興味のある方は是非彼が書いた『スペランデオのトレード実践講座』（パンローリング・2006年）も併せてご覧下さい。これまた極上の素晴らしい一冊ですよ。

♛マーケットの魔術師　株式編

ジャック・D・シュワッガー［著］、増沢浩一［監訳］、パンローリング・2003年

名著揃いの「マーケットの魔術師」シリーズですが、この3作目の「桃本」がシリーズ中で一番優れていると思いますね。

1. 総論

シリーズの第3作目（通称・桃本）ですね。

私は株式投資の世界に入って19年になりますが、投資家にとって最も大切な能力は何か？と問われればそれは間違いなく〝柔軟性〟だろうと思います。本当に優れた投資家というのは瞬時に考えを変えることができます。周りの状況が変わり、考えを改めなければならない時が来るとまったくためらわず、眉一つ動かさずに真逆にもいける。最高の投資家というのはそういうものだろうと思います。

日本株市場で最高のトレーダーは今はツイッターもブログもお休みされていますが、私は「dsan2000」さんだとずっと以前から思って尊敬しています。以前某掲示板でバリュー株投資家を勝手に評価して斬りまくるスレッドがあり、その時に各投資家に短いキャッチフレーズが付けられていたのですが、「dsan2000」さんの紹介文は〝山の天気のように言うことが変わるが、古くからのファン多し〟というようなものでした。私はそれを「言い得て妙だなあ。でもマーケットというのはそもそもそういうところだし、抜群の数学的素養をベースとして瞬間瞬間で自在に変化して行けるのが彼の凄さなんだなあ」といつも思っていました。

この『マーケットの魔術師　株式編』ではトップバッターとしてスチュアート・ウォールトンという投資家が登場するのですが、彼は、「私の理想は、クラゲのように漂い、マーケットが進む方向に流されることです」と語りました。

そして私はこれを読んだ時に、マーケットで必要な柔軟性を表すイメージとしてまさにぴったりの最高の言葉だと思い、それ以来、〝自分はくらげになろう〟と決意したのでした。

つまり、自分はくらげで、傘の中の本体には今まで時をかけて作り上げてきた「優待バリュー株投資」という基本の型が入っている。そして、型は入っているんだけれども、その状態でマーケットの海をフワフワ、プカプカと漂い、状況に応じて順張りも逆張りもする。優待バリューがメインだけれども、優待グロース株もチャンスと思えば買う。いいと思った銘柄には大量の資金を一気に投入して全力で勝負するけれども、自分が間違っていたと判断した場合には速やかにそれを認め迅速に撤退する。そういう自在で自由な投資家をずっと今まで自分は目指していたんだということを、この本を読んだ瞬間についに悟ったのです。

またウォールトン以外でも、「適正銘柄を探し当てても大きく勝負しないなら失敗と同じ」というマイケル・ラウアー、「とにかく企業IRに電話しろ！」というピーター・リンチ直系のスティーブ・ワトソン、「勝つトレードは最初から騰がるもの」という皆様ご存知のマーク・ミネルヴィニ、損切りの仕方についての説明が史上最高に分かりやすいスティーブ・コーエンなど。この本を腹巻にして抱いて寝ながら毎日株式投資をしようかなあ、と真面目に考えてしまうほど実践的に役立つアドバイスが満載なのが、この「桃本」の素晴らしいところなのです。

字体も大きくてカジュアルで親しみやすく、明日からの株式投資に直接的に〝読むドリンク剤〟のように役立ちます。そしてこの本の面白さはそれだけではありません。インタビューが1999年半ばから2000年の初めというアメリカの株式市場の一つの大相場の天井直前に行われたために、登場している魔術師達のその後の運命はさまざまなものとなりました。

相場操縦の罪に問われ破産した人、大きくパフォーマンスを落としその力がナシーム・ニコラス・タレブの言う「まぐれ」にすぎなかったことがはかなくも露呈した人、変わらぬ驚異的なパフォーマンスを継続している人と色々だったのですが、この3作目ではシリーズ唯一の試みとしてフォローアップインタビュー「魔術師達のその後」が巻末に載っていてこれが抜群に面白いのです。つまり、各インタビューを読みながら、〝この魔術師はこの後一体どうなるんどうしても、どう考えてもベスト10に入れざるを得なかったということです。

物や通貨、マルチストラテジー、グローバルマクロの投資家も多く登場）等の点を考慮すると、

凄く奥深い、登場している魔術師が全員株式投資家なので親しみやすい（他のシリーズでは先

このように1粒で2倍美味しく、シリーズ中表記が最もカジュアルで読みやすいのに実は物

だろう？〟ということを想像し、まるで極上の推理小説のように楽しめるんですね。

2. スティーブ・コーエン

今回はシリーズ中でも最高傑作の一つとされている、ウォール街で最高のトレーダーである
スティーブ・コーエン（１９５６年～）のインタビューを見ていきましょう。コーエンはその
抜群に冴えた頭脳だけでウォール街にやってきて、資産1兆円を達成した伝説の男です。

彼のインタビュー内容は〝控えめに言って超最高〟です。私は今までに文字通り何十回（たぶん25回くらい）も読み直していますし、もっと言うとほとんど内容を暗記しているくらいです。そしてこの日記でもこれまでコーエンの言葉を何度も何度も取り上げてもいます。

それでは〝魂の震える炎の名言〟に溢れた珠玉のインタビューの紹介をいよいよ始めましょう。

「このゲームは完全なものではないから。僕は自社のトレーダーに関して統計を取っているけれど、最高のトレーダーでさえ、利益を上げるトレードは63％にすぎない。ほとんどのトレーダーの勝ちトレード比率は50～55％。つまり、間違いを犯す確率は非常に高いんだ。そうだと

すれば、損失はできる限り小さく、利益を上げられるときはより確実にそれを大きなものにしなければならない」

そう、「損切りは早く、利食いはゆっくりと」ですね。ほとんどの投資家はこの大切さを頭では分かっています。でも実際にマーケットという戦場に出ると〝言うは易し、横山やすし〟で真逆の行動になってしまうんですね（笑）。なお、このコーエンの言葉に関連して、以前に「勝率は50％」 https://plaza.rakuten.co.jp/mikimaru71/diary/201603050000/ という超人気記事も書いていますので、良かったらこちらもご覧下さい。

「僕はいつもトレーダーたちに『自分が間違ったと思ったり、理由が分からなくても相場が思惑と逆行している場合は、ポジションを半分に切れ。いつでも積み増せるのだから』と言っている。これを2回やると、ポジションは元の4分の1になる。するともう大きなトレードではないよね。重要なのは行動を起こすこと。手をこまねいて悲惨な目に遭うトレーダーがあまりにも多すぎる」

コーエンの言葉の中で、自分の血肉＝重要な投資原則になっているのが上記の言葉です。そしてこの名言を基にして、「迷ったら半分」という大人気記事 https://plaza.rakuten.co.jp/mikimaru71/diary/201608210000/ も以前に書いていますので、未読の方は是非ご覧下さい。

「僕が求めているのは、リスクをとることを恐れない人。欲しいのは、危険を恐れずリスクをとる度胸がある人」

コーエンは、トレードの最中に爬虫類のように振る舞うことのできる、ほとんど遺伝子の異常ともいえる特異な能力を持った人間です。そして自分の周りに〝ベイビー・コーエン〟をたくさん並べることを好んだトレーダーでもありました。

そして私がコーエンに憧れ尊敬しているのは、自分には彼のような〝爬虫類的な攻撃性〟が著しく欠けており、それを眩しく、羨ましく思っているからです。

「マーケットの動きをコントロールすることはできないが、マーケットに対して自分がどう反応するかは自分でコントロールができる」

「僕の基本理念とは、自分の理論に従ってトレードしたら、自分が正しいかどうかは相場に聞く、というやり方なんだ」

これらのコーエンの言葉を初めて読んだ時の、頭を殴られたような精神的な巨大な衝撃を昨日のことのように思い出します。

鋼鉄の意思と、それとは裏腹なふにゃふにゃの柔軟性。超A級とC級のトレーダーを分かつもの。それは〝考え方〟そのものなのだ、ということが実によく分かるとてつもない名言ですね。

インタビュワーのシュワッガーの質問、「御社にはトレーダーたちと働く専門スタッフに精神科医がいるとお聞きしましたが?」。

「アリ・キエフです。彼はここで週に3日働いている」

「アリは以前オリンピック選手の精神科医として働いた経験がある。オリンピック選手とトレーダーには共通点があると思っている。彼らはともに非常に競争の厳しい世界に身を置いて、結果が全てだよね。トレーダーたちの中には、投資アイデアの良し悪しではなく、個人の性格的な欠陥が足かせとなっている者がいると感じていた。すべてのトレーダーには、何かしらの欠点があるものなんだ」

アリ・キエフはコーエンが主催していた〝世界最大級&人類最強&最狂のヘッジファンド〟SACキャピタル・アドバイザーズ（現在は閉鎖）に〝永久採用〟されていた凄腕トレーディングコーチでしたが、2009年にその栄光の生涯を終えました。

キエフには複数の著作があるのですが、特に『リスクの心理学』は傑作です。私はこの本を読んで初めて「含み益が出ているポジションを買い増す」ことが苦手であるという自分の投資家としての大きな欠点をはっきりと認識することができました。そして日々、この弱点を矯正し、少しでも良い投資家になることを目指しながら戦っています。

いやあ、改めて読み返したコーエンのインタビューでしたが、何十回読んでも魂が震えますね。彼こそが世界でベストオブベスト、ナンバーワンのトレーダーです。これからも折に触れ復習していきたいと考えています。

続マーケットの魔術師

ジャック・D・シュワッガー〔著〕、山口雅裕〔訳〕、パンローリング・2012年

マーケットの魔術師シリーズはどれも超傑作ですが、この第4作も間違いのない出来です。最新のマーケットの進化をダイレクトに生き生きと反映した珠玉のインタビュー集ですね。特に「第13章　エドワード・ソープ」は最高です。ここだけでも本の定価以上の価値があります。

1. 前編

私のブログの「株式投資本オールタイムベストシリーズ」で、ナシーム・ニコラス・タレブ著『まぐれ』とトップ10の位置を激しく争ったのが本書です。通称、紫本ですね。ここでは私が感動した内容の中でも特に最高だった部分をいくつか見ておきましょう。

マーケットの魔術師シリーズでは〝最も良いインタビューが冒頭に掲載されている〟ことが多いのですが、この最新作でもそのパターンが踏襲されています。高卒のヒーロー、スティー

ブ・クラークは、「うまくいくことを増やして、うまくいかないことを減らせ。自分の才能を見つけたらそれを微調整することで戦える」と言います。

私は「優待バリュー株投資」という一本足打法でこの15年間を生き抜いてきたのですが、自分はこれしかできない、逆に言うとこれしかないのに、なぜここまで生きてこれたのかをちょっと不思議に思うことがありました。でも彼の言葉を読んで、「あっ、そうなのか。自分の才能はここにあるんだからそれでいいのか」と改めて気付きました。

トム・クローガスは、「マーケットは1年以上も先の生産可能性には何も支払おうとはしない」と言います。このマーケットの性質から〝1～3年程度の時間軸での中期投資は常に有効〟であり続けています。私が確実にフィリピンに巨大カジノをオープンする６４２５ユニバーサルエンターテインメントを超主力として戦ったのも、彼と同じアイデアに基づくものです。

ジョー・ヴィディッチは「１００％正しくあろうとするな。損切りできないのなら全部ではなく一部を損切りすれば良い」と言います。彼の「ポジションを段階的に減らしたり増やしたりする」というのは非常に実践的で良いアイデアと思いますし、私も毎日のＰＦのメンテナンスで実際に採用しています。

この『続マーケットの魔術師』には最新のマーケットの知見がまるで宝石箱のように散りばめられており、その魅力はとても1回では語りきれません。

2. 後編

前回に続いて、本当に素晴らしい〝大トロ〟の部分だけを見て行きましょう。『グリーンブラット投資法』で有名な大物投資家のグリーンブラットのインタビューも秀逸です。彼は「バリュー投資は必ずしもいつもうまくいくわけではない。短期的にはうまくいかないこともある。しかもその状態が2~3年も続くこともある。それは非常に良いことです。私達のバリュー手法が一定の間うまくいかないという事実こそまさに、長期的にはうまくいく理由だからです」と述べているのですが、これは本当にその通りだなあと思います。

そして今の市場を見渡してみると、正統派のバリュー投資家というと「かぶ1000」さんや「たーちゃん」さんくらいで、その他の多くの方はバリュー投資の看板を掲げてはいても実際にはグロースやモメンタム投資家ばかりという状況です。それはこの数年の日本株市場ではバリュー投資のパフォーマンスが相対的に見てやや劣後しているからですが、だからこそここから猛烈なバリュー優位の巻き返しが来てもまったく不思議ではないと思っています。

コルム・オシアは、最大損失は限られるが利益はどこまでも大きくなる可能性がある「非対称的なトレードを探せ」と言います。私もPF最上位銘柄群では常にこの視点を持って銘柄選定をしています。

また彼の「お金のためにトレードする人はみな失敗します」というのも真実だと思います。

私自身の経験でも、〝この勝負で短期間で大金ぶっこ抜いて、そのご褒美としてキラキラの宝石だらけのぶっ飛んだロレックス買おう〟なんて思っているときは、大体酷い目に遭います。マーケットというのはそういう投資家の〝心の隙〟を許すような甘いところではないんですね(笑)。

自身の最初のファンドPNP(1969~1988年)において、230ヵ月中227ヵ月で利益を出し、効率的市場仮説が間違いであることを実際に証明した伝説の投資家エドワード・ソープ。彼のこの珠玉のインタビュー部分だけでも軽く3000円の価値はあるでしょう。つまり、実質的にこの本は〝0円以下で売られている〟のと同義なわけですが、この最高のインタビューの中で彼は、「PNPで私達が毎日成功していたことを考えると、質問はマーケットは効率的か？　ではなく、マーケットはどれくらい非効率的か？　である」と述べています。私は初めてこれを読んだ瞬間に自分の中に勇気と活力がモリモリと湧いてくるのを実感しました。全てのアクティブ投資家は彼のインタビューを読むべきだと思います。

ま、他にも素晴らしいところはいくらでもあるのですが、どうしても語りたかったことだけでこのくらいです。結論としては、シリーズ第4弾の本書も前3作と同様に歴史的傑作であるということと、この本は安すぎるということですね。未読の方は是非。

マーケットの魔術師　オーストラリア編

アンソニー・ヒューズ、ジェフ・ウィルソン、マシュー・キッドマン〔著〕
井田京子〔訳〕、パンローリング・2008年

1．総論

通称「赤本」です。

マーケットの魔術師シリーズでは、ジャック・D・シュワッガー著の4冊があまりにも有名です。そして全冊が「株式投資本オールタイムベストシリーズ」に入賞してもいます。具体的に復習しておくと、青本（「オールタイムベスト」4位）、桃本（同7位）、紫本（同11位）、白本（同20位）、全てが永遠の名著とも言える、殿堂入りの傑作なんですね。

そして、本書は実は3人の共著による〝非シュワッガー本〟なのですが、かなり出来が良いのです。監修者の長尾慎太郎さんが言うように、「本書もそれら（シュワッガー本）に劣らず秀逸なインタビュー集に仕上がっている」んですね。

つまり、マーケットの魔術師シリーズには隠れた名作がある、ということなのです。

さてそれでは具体的に内容を見ていきましょう。

第1章のフィル・マシューズ、第2章のピーター・ガイ、第12章のアントン・タリアフェロ、第14章のジェフ・ウィルソンのインタビューが特に良いと思います。

次回からは、このベストオブベストのインタビューをいくつか見ていくことにしましょう。

2. フィル・マシューズ

マーケットの魔術師シリーズでは伝統的に冒頭に出来の良いインタビューが載っているのですが、この赤本も例外ではありません。それではまずはトップバッターで第1章の凄腕ファンドマネージャー、フィル・マシューズの最高の大トロのところを見ていきましょう。

「株式市場に興味を持った最大の理由は、きつい労働をしなくてもお金を儲けることができるからです。言い換えれば、自分の発想次第で利益が上げられることです。これが最大の動機でした」

いやあ、素直でいいですね（笑）。私もどうしてこんなにも長い間株式投資に熱中し続けているかというと、端的に言えば〝費やす時間に対して驚異的に効率よくお金が儲かり、さらに肉体的な危険や負担もないから〟です。以前にも書いたことがありますが、投資以上にハイパフォーマンスな仕事は世の中にないんですね。

「大事なことは、学ぶことをやめてはいけないということで、そのためには常に自分の知識の枠組みを押し広げていく努力をすべきです」

本当にその通りですね。私もいつも新しい投資本を読み続けることで、少しでも投資家としての引き出しを増やそうと努力を続けています。

「みんなが世界の終わりだと思う時は、たいていは最高の投資チャンスです」

これも至言。みんなと同じものが、同じ景色が自分にも見えるときには、そこには投資チャンスはないんですね。

「家には本が壁いっぱいに並んでいます。本にはお金を惜しみません。もし150豪ドル分の本を買ってアイデアをひとつ得られれば、それは良い買い物です。だから、アマゾンで、世界中の本を買っています」

私も投資本というのは本当に安いと思います。なぜならそこから手に入れた一つの着想が数千万、下手すると億単位の利益に繋がることもあるからです。そのため私も〝狂ったように〟投資本を買いあさり、読みまくっています。本当に、大げさではなく、家じゅうが本だらけなんですね（笑）。

「実際の株価は評価額いっぱいと考えていた水準よりはるかに高くなることが多い」

これはモメンタム投資の長所を端的に示した良い表現です。名著『成長株投資の神』でデビット・ライアンが述べたように、「価格目標を設定することには問題がある。最も良い銘柄は結局、たいていだれの予想をもはるかに超えて大きく上げる」ものなんですね。

「打たれ強くなることも大事です。ノックアウトされるたびに、次のチャンスが生まれるからです。間違いが将来の大きな成功につながったケースはこれまでに何度もありました。むしろ、間違わなければ現在の成功はなかったかもしれません。損失から学んだことで、今日の僕たちがあるのです」

株式市場では未来のことは誰にも分らないわけなので、単純に考えて〝勝率は50％〟です。それはつまり、あらゆる投資家は間違いを犯すということですし、成長するためには多くの間違いのバリエーションを経験しなくてはならない、ということでもあるんですね。

ふー、このフィル・マシューズのインタビュー、あまりにも面白くて、書評も思わず時を忘れて無心で書いてしまいました。

3．ピーター・ガイ

今回は第2章のピーター・ガイについて見てみましょう。彼は超小型株に特化したファンドマネージャーで、小型株好きの私にとっては、まさにお手本となる素晴らしい投資家です。

「私は、絶対に超小型株の分野に専念しようと決めています。『小さいほど有望』と言えます。昨日買った銘柄は、時価総額が３００万豪ドルを少し上回っているだけですが、そこまで小さくても買います」

ガイの「小さいほど有望」というのは至言です。なぜなら、成長初期にある銘柄を多く掴むことができるからです。そして私の観察だと、日本でも超小型株を専門としているS級・A級の凄腕個人投資家が非常に多いと感じています。

「私の趣味は投資関連の書籍を読むことで、良い本は手に入る限りすべて読んでいます。文字通り、何百冊も読みました」

できる投資家、市場で長く生き続けている投資家はほぼ全員が読書家ですね。私の観察では例外はほぼありません。そして彼らに倣って、私自身も常に大量の投資本の読書を続けています。

「超小型株の専門になった理由はいくつかあります。1つ目は、『小企業の方が他業種にわたる企業より単純』なことです。2つ目は、『小さい企業の方が割安』で買える可能性が高いことです。3つ目は、『小企業の中にはライフサイクルの初期段階にあって、将来大きく成長を遂げる企業がときどき見つかる』からです。4つめもあります。『大企業より面白いし興味を惹かれる』からです。小企業に投資すると、起業家と知り合うこともできるからです」

超小型株投資は〝単純で、割安な銘柄が多くて、高い成長が期待されて、さらには滅法面白い〟ということです。非常に分かりやすいし、魅力的な解説ですね。

「私はひとりで行動します。そして、投資はＤＩＹ（ドゥ・イット・ユアセルフ）ビジネスだと思います」

これもその通り。どこまでも自由で誰にも指図されず、１００％自分の裁量と責任で戦い、市場で暴れまくることができる。本当に株式投資の世界は魅力的ですね。

さてこれでピーター・ガイの紹介は終わりです。小型株投資を志す投資家の方は全員必読だと思います。ちょっと秘密にしておきたかったくらいの神がかり的な珠玉のインタビューで、この1章だけで1万円くらいの価値は優にあると思いますね。

4. ジェフ・ウィルソン

ここでは第14章のジェフ・ウィルソンについて見てみましょう。彼はこの本の共著者の一人なので、魔術師としても登場しているのはちょっとおかしいような気もしますが、〝トレーディング、バリュー、グロースまで何でもこなせるオールラウンドプレイヤー〟の彼が書いたからこそ、この本は第一級のインタビュー集に仕上がったんでしょうね。

「われわれが探しているのはＰＥＲが10倍で、年間20％成長している企業です」

これはつまり「ＰＥＧレシオ０・５倍」ということです。グロース株投資家の〝買いたい水準〟の基準になっている数値ですね。ただ個人的には、ＰＥＧレシオ（ＰＥＲで見ると買えないグロース株を何とか買うために無理くりに作り出された指標、ＰＥＧ＝ＰＥＲ÷一株利益成長率。一般的に2倍以上は割高、1倍以下は割安と判定される）は個人的にはあまり好きな指標ではありません。それは一株利益成長率は大きく揺れ動くかげろうのようなものであり、再現性のある確固たる数字ではなくあやふやな〝砂上の楼閣〟にすぎないという確かな実感があるからです。

「機関投資家は、ファンダメンタルズ的な理由ではなく、戦略的な意図に基づいて売買することが多いため、安すぎる価格で売る場合がある」

これは名言です。その通りですし、私達個人投資家はこの機関投資家の弱点に付け込んで勝負するべきなんですね。

「投資では、『ヒョウの模様は変わらない』ことを覚えておくべき、です」

これは印象深い表現です。問題を抱えている企業はそれをいつまでもそのまま引きずっていることが多いんですね。

「資金を運用するとき重要なのは、自分のスタイルに忠実であることです。もし投資先として優れたファンダメンタルズの企業が見つからなければ投資はしません。もしマーケットに価値ある銘柄がなければ現金で保有します。いずれチャンスが巡ってくることは歴史を見れば分かっているからです。成功する投資家の最も重要な資質の一つは忍耐です。我々はリワードがリスクよりはるかに大きいと思える時以外は投資しません」

この本のインタビューは、オーストラリアの株式市場が未曽有のブル（強気）マーケットにあった時期に行われました。そのため多くのウィザード達が運用先の枯渇に苦しんでおり、このウィルソンのインタビューからもその苦悩が伺えます。超加熱相場では、バリュー投資家的観点からは〝現金がベスト〟ということも残念ながら消去法的にあり得るんですね。

さてこれでこの本の紹介は終わりです。高名なマーケットの魔術師シリーズを名乗るに足る素晴らしい一冊だと思います。未読の方は是非。

〔編集部注〕現在は電子書籍版で販売中です。

マーケットの魔術師　システムトレーダー編

アート・コリンズ［著］、鈴木敏昭［訳］、パンローリング・2005年

この通称「緑本」はその名の通り、世界を代表する凄腕システムトレーダー14人へのインタビュー集です。凄腕過ぎる〝本家マーケットの魔術師〟のジャック・D・シュワッガーに比べて、コリンズが総合的な投資家としての力量に欠け、またインタビューの構成力も著しく劣るのは事実ですが、それでも十分に素晴らしい内容であると思います。

1. 総論

マーケットの魔術師シリーズでは、ジャック・D・シュワッガーによる〝4冊の超名著〟があまりにも有名ですが、この緑本は別著者（アート・コリンズ）によるまったく別の本です。原題も魔術師とは異なり〝Market Beaters〟ですしね。ただ、日本の出版社パンローリングによる邦題が、売らんがための〝敢えて誤認を招くもの〟であったために、よく〝シリーズの名

を汚す前代未聞の超クソ本〟のような散々な言われ方をしてしまっている、とても可哀そうな一冊です。

しかし全冊が〝完全に神の領域〟に達しているシュワッガー本と比較しなければ、『マーケットの魔術師　大損失編』もそうですが〝十分な名著〟と言えると思います。邦題の「マーケットの魔術師」の看板がただひたすらあまりにも重過ぎるだけなんですね。

さて今回紹介する緑本。繰り返しになりますが、シュワッガー本が特異的に凄すぎることが、このコリンズ本の異常な低評価に繋がっているんですね。

まずは訳者である鈴木敏昭氏の「まえがき」から。

「大きな利益を上げているトレーダーはメカニカル派が多い。その理由は、人間の弱みを完全に排除できるから」

私はシステムトレーダーとは〝180度反対の位置〟に立っている100％の裁量トレーダーなのですが、だからこそ、この本から学ぶことは物凄くたくさんありました。それでは本書のベストオブベストの部分だけをコンパクトに一緒に見ていくこととしましょう。

2．含み益に耐えることが大切

今回はロバート・バルドのインタビューです。

「アマチュアはだいたいこんな具合です。好んで必要以上のリスクをとる一方で、やっと利が乗り始めてもひどく居心地が悪いらしくて、ゆっくりと利が伸ばせないのです」

「私が気付いたことのひとつは、時には少し落ち着かない気分になることがあっても、できるだけ利益が伸びていくのに任せたほうが概してうまくいく、ということです」

この「ゆっくりと利を伸ばす」ことがパフォーマンス改善の〝最大の肝〟であると私は認識しています。なぜかというと、我々バリュー投資家というのは全般的に〝含み益に耐える〟ことが非常に苦手であり、そして同時にそれが私たちの最大の欠点でもあるからなんですね。

3．S級投資家は非人間的

ここではチャーリー・ライトのインタビューから。

「研究によれば、トレードに関する限り、人間的性質は間違っているということがはっきりと示されています。恐怖と欲望が一層強くなって、客観的でいられなくなるからです」

「そこから引き出されるのは、最高の成功を収めるトレーダーは、人間的な性質に逆らってトレードできる者だということです。人間的な性質に従ったらお金を失うし、裁量的トレーダーの95％が人間的性質に基づいてトレードするせいで時間とお金を失っている、とする見方があります」

「長いことメカニカル（＝テクニカル）トレードをしてきた人のだれもが私に言うことですが、実行の一番難しいトレードがたいていは最大の利益につながります。そうしたトレードは人間的性質にさからうものなんです」

つまり表現を変えると、S級の投資家は〝人間離れした超変人〟ということになります（笑）。これに関しては、超名著『デイトレード』でも似たような印象的な表現があったので、ちょっと引用しておきます。

「『快適さ』は大敵である」

「心理的に心地よいものは、ほとんどの場合間違ったものである。逆に、ある特定の戦略やアプローチが、心理的に、感情的に受け入れ難いものであれば、それが正しいものである確率は極めて大きい。安心や満足は、何か間違ったことをしている兆候である」

「換言すれば、トレーダーは継続的な成長の過程で、心理的に変化を遂げる」

「つまり、ある一定の水準に到達したトレーダーは、自然な発想が逆転し、ほとんど非人間的ともいえるようになるのである」

そして私も投資家としてこの〝非人間的〟な領域に達することを目標としています。ただ、あまりにも行き過ぎると日常生活に支障をきたす可能性もあるので、その折り合いをつけるのが実に難しいですね（笑）。

4．マネーマネジメントは感情のマネジメント

今回はラリー・ウィリアムズのインタビューから。彼はシステムトレーダー界のヒーローですね。

「マネーマネジメントは感情のマネジメントです。これは皆が見過ごしてきたポイントだと思います。感情的な揺れが大きくなるのは、トレード行動そのもののせいではなく、投入した自分のお金の額が大きくなりすぎるからです」

大成功した投資家の多くが、最も大切なことは資金管理、と言います。そして私もその大切さを日々痛感しています。なぜかというと、自分がここまでS級・超A級の投資家になれていない理由が正にそこにあるからです。

具体的に言うと、私の欠点は大きく分けて2つあります。

1．PF最上位群の銘柄に関して、恐怖や欲などの負の感情を完全には制御しきれず、必ずしも期待値の観点から見てベストの銘柄を選び抜けていないことが多くある。

2．PF最上位群の銘柄に関して、適切なレベルを超える資金を集中し、結果として株価の値動きに精神状態が左右され、ベスト・パフォーマンスを出せていないことが多くある。

ラリー・ウィリアムズの言葉は重いです。まさに「マネーマネジメントは感情のマネジメント」なんですね。

5．ブレイクアウトシステムと二重移動平均システムが優れている

今回は、ジャック・D・シュワッガーと共にメカニカルトレードシステムの研究をしてきたことで知られるルイス・ルカッチのインタビューから。

「新たな均衡状態に向かう途中は、市場は脱均衡状態にあって、情報を消化しながらトレンドを形作っていきます。つまり、トレンドとは、そうした市場における自然現象にほかならないのです」

「それで、トレンドフォローのシステムが何をするかといえば、そのトレンドを捕まえるわけです。だから、市場が新たな均衡に向かい、ひどく不安定でボラティリティが高い時期にこそ、そうしたシステムがだいたい好成績を収めるのです」

トレンドと、トレンドフォローについて、とても分かりやすく解説してくれていますね。

「ブレイクアウトシステムと二重移動平均システムが、現在でも依然として最も優れたシステムと言えるでしょう」

ルカッチの言葉は簡潔で分かりやすいですね。私はチャートを見るときには移動平均線しかみないのですが、それで大体は間違っていないんだなと、このインタビューを読み改めて感じました。

6. 下げが急速な理由

今回はトム・デマークのインタビューから。

「私たちの検証によれば、全期間の73％はレンジ相場で、27％はトレンド相場です。全期間の17％は上昇トレンドで、約10％は下降トレンドです」

「どうして下降トレンドが上昇トレンドより少ないかといえば、買う者はポジションを増やしたがり、それがトレンドを強化するからです。売りの場合には、決心するのは一回だけで、複数回にはなりません。嫌だと思ったら全部嫌になってしまうのです。だから下げは急速です。上昇のときは、『好きな』程度にいろいろあり、だから上昇相場はゆっくり進むことになります」

いやあ、相場の下げが急速で暴力的である理由を鮮やかに説明してくれていますね。凄腕システムトレーダーの方々の言葉というのは、私たちバリュー投資家にとってはとても新鮮で勉強になることが多いんですね。

7．トレンドフォロー戦略は劣化しない

今回は著名システムトレーダーであるビル・ダンのインタビューから。

「１９７４年のスタート以来、ダン・キャピタル・マネジメントは、パートナーとクライアントのために、複利で年23％以上の純利益を達成している。そんなにも長期間にわたって、そんなにも高い複利利益率を叩き出す先物マネジメントは他にない、という評判である」

「同社のトレードアプローチもまた変化していない。ファンドの設立時に構築された基幹システムと、数年後に組み込まれた主要追加システムは、重要部分をいじりまわされるようなことはなかった。28年間あらゆるタイプの市場環境をくぐり抜けて来る中で、同じ方法が使われてきたのである」

このビル・ダンの圧倒的な成績が「ほとんど同じシステム」を使って成し遂げられたという事実が、〝トレンドフォロー／モメンタム戦略は劣化しない〟ことの鮮やかな証明となっていますね。

「私は手の込んだことをしなくても、チャートを見ただけで分かったのです。『ランダムなんかじゃない。閉鎖容器の中の理想気体とは様子が違う。ランダム運動は実験室で見たことがあるが、こいつはそれと違う！』ってね。ランダムじゃないとすれば、何か学べることがあるわけです」

そう、市場は決してランダムなものではありません。そしてだからこそ、私たちアクティブ投資家は日々学び続けなくてはならないんですね。

8. 群集と一緒には動かない

以下、ジョン・ヒルのインタビューから。

「トレードが失敗に終わったとすれば、何よりも、群集といっしょに動いたせいでしょう。本当に儲けられる人は、群集が不安を感じるようなときに行動を起こします」

これはいい表現ですね。私もＰＦ上位で戦う銘柄群について、極力〝他の投資家の方と被らない〟ように努力しています。

「利益目標を立てて手仕舞うよりも、何らかの転換点をとらえて手仕舞った方がパフォーマンスがいい」

これはシステムトレーダーの考え方がよく表れた表現ですね。そして〝トレンドがなくなるまで乗り続ける〟からこそ、彼らは一般的に我々バリュー投資家よりも投資成績がいいんですね。

9. 好パフォーマンスの原因は、ファンダメンタルズか人間心理

今回は投資業界における第一級の雇われ職人のマレー・ルジェーロのインタビューから。この章、素晴らしかったです。

「パフォーマンスの良かった方法の背後には、次の2つのうちどちらかが存在している」

「ひとつは、価格決定の基本モデルに強力なファンダメンタルズの理由があるということ。もうひとつは、人間的性質に反する出来事が市場に生じているということ」

「市場とは、大多数からお金を取り上げて、それを上位5％に与える仕組み。95％の人は人間本来の心理のせいでお金を失う」

「繰り返しますが、機能するかどうかは、市場のファンダメンタルズの特徴か、心理的な特徴に掛かっているのです。例えばドンチャン・チャネルブレイクアウトの背後にあるものは何でしょうか。なぜそれが有効なんでしょうか。答えは、価格が1ヵ月前の高値まで達しているために、その戦略の実行が難しいからなんです。その事実のせいで、心理的に仕掛けに踏み切れないのです。そうした人間的性質に反するからこそ、この手法が有効なんです」

なるほど。

有効な手法は突き詰めると、ファンダメンタルズか人間心理の弱点の2つ、ということですね。非常に分かりやすい表現で腹に落ちます。いいインタビューですね。

「チャネルブレイクアウトは最も単純な形でも成功します。ただし成功する理由は、その実行が難しいという点にあるのです」

つまり、「トレンドフォロー戦略は人間心理に反するやり方なので、それでいつまでも劣化せずに機能し続けている」ということなんですね。勉強になります。

10．S級投資家はとても寡黙で冷静

最終回となる今回は、ゲーリー・ハースト博士のインタビューから。

「広く受け入れられた考え方は必ず失敗するものであり、逆に大多数と反対のことをすれば成功の確率が一番高い、というのが彼の持論である。ハースト博士は、大衆が容易に知ることのできることは一切信用しない」

「ハースト博士の話をしてくれたのは、有名な『マーケットの魔術師』シリーズの著者であるジャック・シュワッガーだった。ハースト博士は、自分が個人的に知っている中で最高のメカニカルトレーダーだと、ジャックは断言している」

ほう、ジャック・D・シュワッガーのお墨付きか。それは凄いですね。ただ、ハースト博士

は極端な秘密主義で著者のアート・コリンズがその実像に迫り切れていないのが残念です。続きを見ていきましょう。

「わざわざ人と言い争いをする必要なんてどこにもない」

「勝ち残った人を見て分かるのは、だいたいが、十分冷静に振舞った人たち。皆のことを静かに観察して、大騒ぎを引き起こさないようにしていた人たち」

私の観察でもS級投資家の多くはとても寡黙で冷静です。私は頻繁なブログ更新で分かるように、多弁でおっちょこちょいなタチなので、それでいつまで経ってもS級になれないのかもしれないですね。

さてこれでこの本の紹介は終わりです。いやあ「緑本」、改めて読むと素晴らしい名著でしたね。未読の方は是非。

〔編集部注〕現在は電子書籍版で販売中です。

マーケットの魔術師　大損失編

アート・コリンズ［著］、鈴木敏昭［訳］、パンローリング・2006年

この「黄本」はその名の通り、世界を代表する凄腕トレーダー35人へのインタビュー集です。彼らが直面した大損失、受けた精神的・経済的なダメージがどのようなものであったのかが率直に語られた好著です。

1．総論

一般的に、偉大な投資家へのインタビュー集のほとんどはその華やかな成功体験や投資法、輝かしい経歴などに焦点をあてたものであり、この本のように大ピンチの危機的な状況に焦点を当てたものは舶来の本にはあまりありません。ただ〝欧米よりも全体に謙虚で自己反省意識の強い〟ここ日本では、失敗や損失にフォーカスした投資関連本も見かけます。ただそれらはインタビュアー（多くは投資が専門ではないフリーのライター）の力量が欠けているものが多

く、名著と言えるレベルの本は残念ながらほとんどありません。

そんな中、このアート・コリンズ本は、〝大物トレーダー〟も数多く登場しており、一定の評価を与えられる良書であると考えています。

それでは、この本のベストオブベストの部分だけをコンパクトに見ていきましょう。

2. ナンピンをしてはいけない

今回は、トレーダーが窮地に陥る〝典型的なパターン〟にハマって分かりやすく破綻した、ラリー・ペサベントのインタビューをまず見ていきましょう。

「とうとう最後には追証が発生するまでになったんですが、そこで凄い下げが起きて、私は数日で破綻してしまいました」

「3つのことを学びました。ひとつにはナンピンをしてはいけないということ。それはトレーダーが犯す最大級の間違いです。損のかさんだ銘柄を絶対にナンピンしてはいけません」

「2つめは、必ずストップロスを置かなければならないということ。自分を守るためです。見通しが外れるのはよくあることですが、市場は絶対に間違えません」

「3つめに一番大事なことですが、トレードで自分がコントロールできるのはリスクだけです。どの時点で利益が得られるのか、それがどれだけの額になるのかは自分には絶対に分かりません。リスク・リターンの方程式にだけ心を集中すべきです」

「ナンピンをしてはいけない」。これは本当に大切なことだと思います。私も過去に何度も苦い経験をし、自ら高い授業料を払って血を流しながらこのことを学びました。その意味で、わずかな本代で偉大なトレーダーたちの〝過ちのバリエーション〟をたくさん学べる本書は、劇的に安い一冊、であると思いますね。

3. 損をしたら、贅沢にふけることが大切

今回は、とても面白い視点を提供してくれているラリー・ローゼンバーグのインタビューを見ていきましょう。

ラリーは、損したあとで贅沢にふけることがよくあった。

「落ち込んだときにはプレゼントを山ほど買い込みました。一種のセラピーでした。車や妻のための高価な宝石など贅沢品を買うわけです」

「それによってまったく新しい見方というか、損失の受け入れができるようになると思います。つまり、損も生活の一部であって、おじけをふるうほどのものじゃないんだってね」

「儲けているときには簡単に大物気分になれます。しかし、勝ちが続くときだけ自分に贅沢を許したら、負けた時には一層ひどく落ち込むでしょう」

「荷造りをして旅に出るのはお気に入りの気分転換法だった。休息し、リラックスし、そして新たに目標を定める」

ラリーは「早い時期から、損失を自分という人間の問題として受け止めないですむようになっていた」。

この、「損をしたら贅沢にふける」というやり方は、一理あると思います。なぜなら、投資家は損をしたことによって既に十分に精神的に傷ついているわけであり、そこで追い打ちをかけて過度な節約や緊縮財政を自らに課せば、どんどんとみじめな気分になってメンタルヘルスがより悪化してしまうからです。

そして、〝損をしたら節約しなければならないというのは、投資の世界では避けられない「必要経費」である損失を悪者扱いする、間違った危険な考え方〟であると言うこともできると思います。損が出ようが利益が出ようが、毎日の生活を物質的・精神的に豊かにしてくれる〝合理的な出費〟に関しては、常に大らかかつ超積極的でありたい、と私は肝に銘じています。

4. 投資を統計学的なビジネスとして捉えることが大切

今回は、投資家として損失というものをどう捉えたら良いのか？　という難題について、非常に分かりやすい答えを導き出してくれているチャーリー・ライトのインタビューを見ましょう。

「損失は単にビジネスを行うためのコストにすぎない」

「統計的なビジネスとして市場をとらえる」

「私は市場が動くと知っていますし、自分がお金を稼ぐと知っています」

「私はドローダウンを受け入れることができます。私は損失を大事に思えるようになりました。ドローダウンはトレードでリターンを得るために必要な投資なんです」

このチャーリー・ライトの視点は、永遠の名著ゾーンの作者であるマーク・ダグラスのそれとほとんど同じですね。

投資を統計学的なビジネスとして捉え、カジノのプレーヤーではなく運営者のように取り組むことが大切、ということなんですね。

5．S級投資家のルール

今回が最重要回となります。非常に鮮烈な印象を覚えた、大物トレーダー、リンダ・ブラッドフォード・ラシュキのインタビューを見ていきましょう。

「このゲームはお金が問題なんじゃない。自分の限界を知り、それを乗り越えることが問題。市場がいかに巨大であり、その影にあるトレーダーがいかにちっぽけで卑小な存在なのかを知ることが必要」

「同じくらい大きな集中力や痛みを経験したことのない人たちに分かってもらうのは難しいことです。知り合いのプロフェッショナルのほとんどは、損や失敗トレードについて語ることはあっても、成功トレードについては絶対に口にしません。言ってみれば、戦争の古傷を見せ合うのに似ています。市場の剣闘士となる資格を得たことをそうやって証明しているんです」

この「プロフェッショナルのほとんどは、損や失敗トレードについて語ることはあっても、成功トレードについては絶対に口にしない」というラシュキの言葉がこの本で最も印象に残ったフレーズでした。

私は日本株市場で数十億円以上の資産を築き上げた凄腕投資家のブログやツイッターなどを常に徹底的にチェックしていますが、彼らのほとんどは負けた時や大きな損失を出した時のリアルや反省点は雄弁に、かつ詳細に語ってくれる一方、大きな資産を築き上げることとなった〝関ヶ原の戦いが何であったのか。頂上決戦である真の勝負所で、実際にはどのようなことが起こったのか〟については、静かに沈黙し決して語ることはありません。

私はそれがどうしてなのだろう？　とずっとずっとずっと疑問に思ってきたのですが、このラシュキのインタビューを読んでようやくはたと気付きました。〝巨大な成功トレードについては、完黙して一切語らないことがS級投資家のルール〟であるということなんですね。

さて、これでこの本の紹介は終わりです。学べる所の多い良書と思いますので、未読の方は是非。

〔編集部注〕現在は電子書籍版で販売中です。

P.S.【章の最後に一言】

パンローリングの看板シリーズである『マーケットの魔術師』全7冊の徹底紹介でした。これは恐らく世界初の試み（笑）でしょう。皆様の〝お気に入りの魔術師〟がきっとこの中から見つかるのではないかと思います。

第5章

特選！ おすすめの6冊

実践 生き残りのディーリング

矢口新［著］、パンローリング・2007年

損切りの大切さ、ナンピン買いの危険性、私は自ら血を流した後に泣きながらこの本を読み直すことを通じて実地に学び、心に刻みました。この『生き残りのディーリング』が本棚になければ自分は今ここにいることは決してなかったでしょう。私が市場で16年間を生き抜くことができたのはまさにこの本のおかげです。また日本人著者が精緻な日本語を駆使して書いたという点がこの本を〝異次元の名著〟にしています。翻訳本ではこの深さは絶対に出ません。この本に出合えたことを、そしてそれがいつも自分の手に届くところに実際にあることを、心から感謝しています。

最初に読んだのはもう15年近く前のことでした。自分はヒヨヒヨの投資家デビューをした頃であり、その時には「損切り、損切りとうるさい本だなあ。俺はさわかみのおっちゃん仕込みのがんこな中長期投資家だから、そんなの安易にしないんだよ」と思って、しばらくは本棚に

ポイッと放り込んで忘れたままとなっていました。ところがその後、投資家として大敗することが何度もあり、その度になぜか思い出したように手にとって読み返しているうちに、「あぁ、この本に書いてあることは一から十まで真実だ」と気付き、まさに〝生涯を共にする本〟になったのです。ちなみに現在の本は2冊目です。１冊目はあまりにも読みすぎてボロボロになってしまったので買い直しました。

ここでは特に最高である「第67章　損切りの徹底」の一節をご紹介しましょう。

「損切りが難しいなどと言っているうちはまだ駆け出し」

「損は出るもの。そして損は切るもの。アゲインストのポジションは持ってはならない。必要以上のエネルギーを消耗させ、相場観を狂わせ、取り返せないほどの損を抱える危険をはらんでいる」

「評価損は実現損よりも性質が悪い。評価損は生きており、これからどこまでも成長する可能性を秘めている。また、損を切れないことを正当化するための相場観が用意される。『そうしないと自己矛盾に至るから』である」

「怖いのは時に損の額が一個人の耐えうる限界を超えてしまうこと。限界点はだれにでもある」

「損をこまめに切ることにより、いつも偏らない相場観、冷静な判断力を持ち続けることができる。ここぞという買い場で１００％の力を残したままでいることができる」

ふー、素晴らしいですね。『生き残りのディーリング』が自分の本棚にあることを、そして必要な時にいつでも手を伸ばしてすぐに手に取れることを、心から感謝しています。これからもこの本と共に、良い日も悪い日も、歓喜の日も悲嘆の涙にくれる日も戦っていく所存です。

👑マネーの公理

マックス・ギュンター〔著〕、林康史〔監訳〕、石川由美子〔訳〕、日経ＢＰ社・2005年

私はこの本から、「集中投資の必要性と分散投資の危険性」と「いつも意味のある勝負に出なければならない」ことを学びました。私がこの16年間を勝ち抜くことができたのはまさにこの本のおかげですね。

1. 総論

まずは「集中投資の必要性と分散投資の危険性」について。「システムを打ち負かす唯一の方法は勝負に出ること。心配になるような金額を賭けろ。心配は病気ではなく健康の証。もしもあなたに心配なことがないなら十分なリスクをとってないということだ」というマックス・ギュンターの単純でかつ熱いメッセージは、過去の大勝負で眠れぬ夜を何度も過ごしてきた私の心の大きな支えでした。布団の中で寝返りをバタバタ打ちながら〝大丈夫。俺はちゃんとリ

スクを取っているから眠れないんだ。これがギュンターの言う生きているということなんだ〟と自分に言い聞かせながら、翌日を迎えてきました。

そして同時に彼の、「いつも意味のある勝負に出ろ」という言葉を常に意識して戦ってきました。具体的に言うと、ポートフォリオ（ＰＦ）の最上位銘柄群には〝株価上昇の起爆剤となる有力なカタリストが同時に複数揃っている〟ことを常に求め、それを実行しています。ＰＦ最上位にいる銘柄には何らかの強い確信を持っているということですね。それは指標的に割安で成長力がありかつ近い将来の東証１部昇格が濃厚（６２９４オカダアイヨン）だったり、近い将来の一定の確率でのＴＯＢを予想していたり（２７３７トーメンデバイス）、業界最大手なのに指標的に業界下位銘柄よりも割安、かつ総合利回りが非常に高かったり（８５９１オリックス）、消費者としてさまざまな体験をする中で最も感銘を受けるビジネスを展開している（３０９７物語コーポレーション）といったことですが、自分の中でははっきりと分かりやすい理由を持ってＰＦ最上位銘柄を選定し、極力シンプルに戦うようにしています。

この『マネーの公理』が本棚になければ私は投資家として今日まで勝ち残ることはできなかったと思います。前述の『生き残りのディーリング』があったからここまで生き残れたし、『マネーの公理』があったから同時に私は勝ち残れたということです。その意味ではこの２冊が私にとって最も大切な書物ということですね。

2. 常に意味のある勝負に出ること

私はこれまで膨大な数の投資本を読んできました。書物を通して過去の偉大な先人達を師とし、独学でそしてほぼ1人でここまでの毎日を戦ってきました。いい時も悪い時もありましたが、一生懸命に日々を過ごしここまで何とか厳しい日本株市場を生き抜いてきました。

自分の中で投資家として大きな節目となる出来事がしばらく前にあり、それからの数週間、「自分に最も影響を与えた投資本は、そしてその中の決定的な一節とは何だったのか？」ということを自問し考え続けてきました。

ただその答えは実はほとんど最初から出ていました。色々考えたのですがやっぱりこれでした。自分に最も影響を与えた一節は、『マネーの公理』で著者のマックス・ギュンターが述べた、「いつも意味のある勝負に出ろ」という言葉だったのです。

ここではギュンターへの感謝の気持ちと、投資家としてのこれまでの日々を総決算するために、この最高の本の書評の続編を書きたいと思います。

この本の第一の公理の「リスクについて」は重要です。この中から、私が魂を揺さぶられた宝石のような文章を紹介しましょう。

「慎重に言葉を選ぶのはやめよう。公理があなたを金持ちにする。大人なら誰もが知っているように、人生はすべてギャンブルである」

「給与や賃金収入で金持ちになることはない。不可能だ」

「世界の経済構造は、あなたに不利になるようにできている」

最初にこの第一の公理を読んだ時には本当に体の震えが止まりませんでした。「そうか、日本は資本主義の国なんだから、ただぼーっと働いて漫然と給料を貰っているだけでは絶対に金持ちにはなれないんだ。そういう仕組みになってるんだ」と腹の底から思い知ったからです。

「人の資産づくりに向けるエネルギーのうち半分だけが、仕事から所得を得ることに充てられるべき。残りの半分は投資や投機に回されるべきだ。冷たい真実がここにある。裕福な親戚がいない限り、大多数を占める貧乏人クラスから這い上がる唯一の方法はリスクを取ることである。期待できる利益のほうが損失よりもかなり大きいのだから、ゲームはあなたに有利にできている」

リスクを取らなければ貧乏人クラスからは這い上がれない、人生のエネルギーの半分は投資に傾けなくてはならない、というギュンターの真っ直ぐで炎のように熱いメッセージが、私のこの10年間を支えてくれました。

「いつも意味のある勝負に出ること。システムを打ち負かす唯一の方法は、勝負に出ることだ。傷つくことを恐れてはいけない。心配になるような金額を賭けるのだ」

「いつも意味のある勝負に出ること。そして同時に心配になるような金額を賭けること」。この言葉を胸に、私はＰＦ最上位で戦っている銘柄群には常に〝本当にその価値があるのか？私を投資家としての次のステージに連れていけるだけの抜きん出た力があるのか？〟を問い続けながら毎日を戦ってきました。

3. 慎重なシルヴィアと大胆なメアリー

この本の冒頭で2人の若い女性が登場します。2人は親友同士で共に成功を求めてウォール街に行き、大手の証券会社E・F・サットンの従業員となります。そしてそこで、1930年代から40年以上を生き抜いて莫大な富を築き上げ、底辺の株式ブローカーからサットンの取締役副会長にまで上り詰めた伝説の大投資家ジェラルド・M・ローブに出会います。

若い2人は少し恥ずかしそうに、そして別々に彼に投資助言を求めて近づいてきました。ローブはいたずらっぽく、1人を「慎重なシルヴィア」、もう1人を「大胆なメアリー」と名付けました。シルヴィアがお金について望んだのは、完全に安全な避難場所を見つけること、メアリーが望んだのはわずかばかりの資本がまとまった金額に育つように、多少のリスクを取ることでした。

1年後、シルヴィアの資本は損なわれることなく、利息分が増加しており、彼女は安全の心地よさを堪能していました。一方、メアリーは痛手をこうむっていました。彼女は嵐のような相場で勝負に負け、資産は25％のダメージを受けていました。

若い2人とローブは時々一緒に昼食を取りました。あるとき、ローブはメアリーを観察していました。彼は、メアリーの早い段階での損失が、多くの新参者の投機家がそうであるように、彼女のやる気をそぎ、彼女がゲームを降りてしまうのではないかと心配して、残念そうな表情でこう言いました。「新参者の多くは一瞬のうちに大きな勝者になることを期待する。最初の年に資金を3倍にできないと、甘やかされた子供のように拗ねて立ち去ってしまう」と。

しかし、メアリーは資質を持っていました。彼女は微笑み、落ち着いていました。「ええ、損を出したのは事実だわ。でも私が得たものも見てほしいわ」。彼女は、テーブルの向こう側にいる友人のほうに身を乗り出して言いました。「シルヴィア、私は冒険しているのよ」

ギュンターは、「人生はただ座していてはいけない、冒険すべきだ。冒険は、人生を生きる価値のあるものにする」と述べます。

それでは若い2人の運命はその後どうなったのでしょう。最後に彼女たちについて聞いたとき、彼女たちは50代半ばでした。2人とも結婚して離婚を経験していました。そして、2人とも、最初にスタートしたときにロープに話したのと同じ方法で、資産を運用し続けていました。

シルヴィアはすべての余裕資金を預金や地方自治体の債券に入れていました。債券は約束されたほど安全ではなく、1970年代に金利が大幅に上昇した時に資産価値がかなり損なわれてしまいました。結局シルヴィアは金持ちでもなければ、金持ちに近くもありませんでした。

ギュンターは言います。「彼女は、給与を軸に人生を設計していた。おそらく飢えることはないだろうが、新しい靴を買うたびに、よく考えなければならないだろう。彼女とペットの猫は、冬に十分に暖かくなることがなく、寝室が1つしかないアパートで人生を過ごすことになるだろう」

それではメアリーはどうだったのでしょうか？　彼女は金持ちになりました。金《きん》の投機で大きな成功を収めたのです。彼女は、自宅と別荘、そしてカリブ海に小さな島を持っています。ほとんどの時間を旅行に費やし、移動はもちろんファーストクラスです。彼女はずっと昔に仕事を辞めました。もはや給与は、彼女の収入のうちの小さな部分を占めるにすぎず、年間の株式配当だけでも給与を上回っていました。そのため、給与を稼ぐために週の内５日も使うのは適当ではないように思えたのです。

でもメアリーは、財産を築きつつある間は、何年にもわたり、自分の将来について大まかな予測を立てる以上のことはできませんでした。眠りが浅かったり、まったく眠れない夜がありました。怯えていた日も何度もありました。

ギュンターは言います。「それと引き換えに彼女が得たものを見るがいい。ウォール街の著名な投機家の多くが、『常に何かを心配している状態は自らの人生の一部』だと明言している。不平として言った者はほとんどいない。彼らはいつも朗らかだった。そういうことが好きなのだ」

私は10年以上前に初めてこの『マネーの公理』を読んだ時に、心震えながら、「絶対に自分はメアリーになろう」と決意しました。努力を怠らず、全ての取引のリスク・リワード比を考えながら、常に勇気を持って意味のある戦いを続け、時が流れたら必ずメアリーのような大きな存在になろうと固く心に思い定めてきました。

今、振り返ってみると、私は未だにメアリーにはなれていませんが、それでも10年前と較べたら当時ではまったく想像もできなかったほどの地平には既に達しましたし、同時に投資家としてはメアリーよりも若く、さらに燃えるような情熱に溢れてもいます。

『マネーの公理』と共に歩んだこれまでの10年間に心から感謝し、そして次の10年では、必ず自分がメアリーのような存在になることを改めて決意しています。

ゾーン

マーク・ダグラス［著］、世良敬明［訳］、パンローリング・2002年

相場心理学の歴史的傑作です。この本を読む前と後とでは明らかに自分は変わり、そしてパフォーマンスが良くなりました。最初に読んだ時は本当に衝撃でしたね。

ちなみにこの本ですが、アマゾンのレビューの点数が5点満点で4・0点しかありません。私が今までに紹介してきた本は当然ほとんどが5点満点に近いフルマークだったので、その意味では〝評価が割れる本〟なのは事実です。

最初にその減点理由を説明しておくと、

1．明白な誤訳や直訳的な言い回しが多くて読みにくさがある。頭にすっとスムーズに入りにくい文章になっており、超訳での改訂版の発売が強く期待されるような本になってしまっている。

2. この本は、読者が自分が投資家としてどのような優位性（エッジ）を持っているかを既に知っている（私の場合でいうと優待バリュー株投資）ことを前提として、その持っている能力を十分に引き出して〝より勝てる投資家〟になることを目標としている。つまり少なくとも自分の過去の投資結果を分析して、「あぁ、自分はこういう投資手法を取った時に勝ちやすいんだなあ」という考えが頭の中にないと、読んでも「？？？」となってしまう。その意味ではこの本は〝鏡のような本〟であるとも言える。読んでどう感じるかというのは、今の投資家としての自らのレベルをそのまま示している。自分の投資家としてのある程度の型や明白な優位性を未だ持たないような人は先に最低でも10冊程度は投資本を貪り読み（「株式投資本オールタイムベストシリーズ」も是非！）、実際に株式投資を行い、自分の投資スタイルを磨き上げてからこの本に挑む必要がある。

3. 著者の意図的な書き方と思われるが、同じような言い回しが延々と続き、「何や、えらい鈍重な本だな」という印象がぬぐえない。

ということです。ここまでで〝よし、どうも有難う。もう読むのを辞めよう〟と思われた方も多いでしょう（笑）。ただこういった大きな欠点を差し引いても、それでもなおこの本は名著なのです。

この本のタイトルの「ゾーン」というのは〝恐怖心のない無心の状態〟つまり〝明鏡止水の

境地〟です。邪念のない落ち着いた静かな心境。その心の〝パーフェクトワールド〟に辿りつけば、「一貫して成功しているトレーダーになれる。そしてそれは努力次第で誰にでも身に着けられる。しかしその習得には『普通』とは異なった思考法が必要となるために、トレーダーとして大成する人は非常に少ない」というのが、ダグラスの主張です。

この本の最大のポイントは第7章の「トレーダーの優位性――確率で考える」にあります。改変も含めて引用すると、「最高のトレーダーは、トレードを『確率のゲーム』としてとらえている。カジノ業者やプロのギャンブラーと同じ思考戦略を取っている。自分に優位性が十分にあり、標本の大きさが十分であれば、最終的には勝利すると常に分かっている（大数の法則ですね）。なので常に楽な気持ちで自分の勝算の維持とトレードの執行に集中すればよい。一貫した収益を残すために、次に何が起こるかを知る必要はない。『一回一回のトレードの結果は不確実』なものである。結果を予測しようとしてはいけない。皮肉なことだが、確実なものなど何もないという事実を受け入れて初めて、自分が切望している確実性を手に入れられる。つまり、一つ一つのトレードで正しいとか間違っているとかは、トレーダーとしての成功と関係がないのだ。損失は何の精神的ダメージも生まない。なぜならそれは単に『ビジネスのコストでしかなく、トレードに勝つための必要資金でしかないから』だ。最高のトレーダーは『今この瞬間』にいる。正しくあろうとしないし、間違いを避けようともしない。何かを証明しようとしているわけではない」

どうでしょうか?　未読の方でここだけ読んで「おぉ、これは凄い」と思われた方は間違いなく中級者以上です。今すぐ本屋さんに猛ダッシュしましょう。もしも置いていなかったらそこは〝ヤブ本屋さん〟です。次のお店に走っていきましょう。ただ「???」だった方にはゾーンはちょっと早すぎます。でも泣かないで。一切心配はありません。その場合には先に『賭けの考え方』（イアン・テイラー、マシュー・ヒルガー著、パンローリング・2011年）を読みましょう。これはポーカーの本ですが、「株式投資本オールタイムベストシリーズ」にランクインしているくらいで、我々投資家にとって〝歴史的名作間違いなしのとんでもない神本〟です。

（1）ポーカーのさまざまな現実を理解し受け入れる。
（2）長期的視野でプレーする。
（3）金を儲けることよりも正しい決断を下すことを優先させる。
（4）金への執着を捨てる。
（5）自尊心を持ち込まない。
（6）あらゆる感情を決断から排除する。
（7）分析と改善のサイクルを継続的に繰り返す。

というのがこの本の主張なのですが、ポーカーの部分を株式投資に置き換えるとそのまま、1

００％投資本という凄い本なのです。この本を読んでから『ゾーン』を読むと全然違うと思います。

ちょっと脱線しました。

私は投資家の心の中というのは〝邪念だらけの蜘蛛の巣〟のようなものだと思っています。奥深くにはパーフェクトワールドが、マーク・ダグラスの言う明鏡止水の「ゾーン」があり、そこに至れば最高のトレーダーになれます。ただそのためには回り道をして心の中に巣食う無数の〝蜘蛛の糸〟を掻き分けなければならない。この本が難解なのは実は私達の心の蜘蛛の糸を少しずつ振り払うためなのです。ダグラスはその目的のために敢えてこういう書き方をしたのですね。さあ、あなたはこの本から一体何を、自分の心の中に見つけるでしょうか？

デイトレード

オリバー・ベレス、グレッグ・カプラ〔著〕、林康史〔監訳〕、藤野隆太〔訳〕、日経ＢＰ社・2002年

デイトレーダー、スウィングトレーダー（数日間の時間軸での株価変動を狙って利益を狙うトレーダー）の方達の間では、まさにバイブルとなっている名著です。

1．総論

私は自分自身を中期投資家（2～3年のゆったりとした時間軸で大きな株価上昇を狙う投資家）と認識しており、自分にとってデイトレ系の書物は〝読むとかえって有害〟な場合が多くあるので注意深く避けてきました。ただ、この本だけはあまりにも評判が良いので最終的に〝最大限に警戒しながら嫌々〟読んだ所、実に素晴らしい一冊でした。

その理由は、原著の全訳ではなくデイトレーダーとしての心構えを説いた前半の第1部だけの部分訳となっていることによって、逆に〝あらゆる手法の投資家にとって普遍性のある有益

な内容となっている〞からです。我々バリュー系の投資家にとっても太鼓判の名著ということで間違いないことを、コテコテのバリュー投資家である私がここで保障します。

さて、この本は全体が素晴らしいですが、特に第2・3・5章が突き抜けて良いです。ただ欠点も少しだけあり、それは本の後半に進むにつれて同じ内容の繰り返しが多くなることと、文章からどことなく〝セミナー屋〞の香りがすることです。ただトータルで見れば凄い本ですね。それでは次回からはベストオブベストの大トロの部分を一緒に見て行きましょう。

2. 熟練したトレーダーになるためのコストは高い

ここでは、熟練したトレーダーになるためのコストがどれほどに高いのか？　についてベレスが述べた部分を見て行きましょう。

ベレスは、「熟練したトレーダーの痛みと苦悩と傷は極めて大きく深いというのが真実」と述べています。「マーケットで成功するためには、自らの血を流し、お金を惜しまず、生活のほとんどを注ぎ込むことが必要である。授業料は高い」

この表現は非常によく分かりますし、しっくり来ます。私も過去の19年間でありとあらゆる失敗を繰り返してきた〝傷だらけの野良猫〞であり、さらに未だに失敗を繰り返しながら超Ａ級の投資家になることを目指して戦い続けています。なのでこれからも私の体から生傷が絶える日は決して来ないでしょう。

その理由は、マーケットには〝確実〟が存在しないからです。ベレスは言います。「確実を求める欲求は、多くのトレーダーがはまり続ける罠。株式市場において、確実を得ることはあり得ない」

「確実は幻想。確実は人生一般においても存在しないし、マーケットにおいても存在しない。トレーダーは不確実性のもとで行動せざるを得ないということを認識しなければならない。富は、人が歩いたことのない道に隠されている」

「大衆は長期にわたって勝ち続けることはできない」

「トレーディングというゲームは、少数派と多数派の、優れた者と無知な者の、そして持てる者と持たざる者の間の恒常的な戦いである。ほとんどの場合、持てる者、少数派、そして知識のある者が勝つ。マーケットはそのように作られている。成功するためには、勝ち組に入らなければならない」

いい本ですね。

3. 株価を動かすのは人間

ここではベレスが「株価を動かすもの」について述べた部分を見て行きましょう。

「最終的に株価を動かすのは人間」→端的で素晴らしい表現ですね。

「株価は事実ではなく、確信によって動く」

「トレーダーは株式ではなく、人を取引する、ということを決して忘れてはならない。株価が上下に大きくブレるのは、こうした感情、特に欲と恐怖によるものである」「真に優れたトレーダーは、取引を行うたびに、反対サイドには自分と反対の取引を行っている者がいるということを認識している」→常に心に留めておきたい大切な視点ですね。

このベレスの、「株価は人間の感情が動かす」というのは、非常に大切な考え方ですね。

4. 損失は、がん細胞と同じ

今回がこの本の〝一番の大トロ〟の部分となります。

ベレスが「損切り」について語った部分を見て行きましょう。

「トレーディングで成功するか否かは、人生における成功と同様に、いかに損失をコントロールするかによって決まる。すべての損失は、がん細胞のように自らの資金を食いつくし、生活を破壊する危険性を秘めている。がんが発生したら早急に取り除かなければならない。損失が大きくなってしまうと、トレーダー自身もトレーダーの行動能力も弱まってしまう。まさしくがんのように、損失の拡大はトレーダーの知力を奪い精神力を侵し、そしてトレーダーを奴隷と化してしまう」

→素晴らしい。損切りの大切さを表現した文章としてこれ以上に秀逸なものはそうはないですね。私は、超一流の投資本であるかどうかを見極めるポイントとして、〝損切りの必要性について文章〟が非常に重要であるといつも思っています。そこのレベルが低い本はほぼ駄本ですし、損切りについての記述がないような本はそもそも最初から手に取る価値もありません。ただ普通の本屋さんに行くとそういう嘆かわしいレベルの本ばかりが大量に並んでいるというのが実情ですね（汗）。

そして、「損切りができない罪をいかに排除するか？」という問いに対するベレスの回答も実に素晴らしいです。

「どうしても損切りのルールを守ることが難しい場合には、ポジションの半分を損切る癖をつける。問題を半分にすることで、トレーダーの明晰さと精神的な集中は飛躍的に改善することが多い」

↓

この「迷ったら半分」というのは、心理的に受け入れやすい非常に良い解決策であると思います。私自身も、「負けを認識したらまず半分。そこで冷静になってまだ危ないと思えばさらに半分の4分の1にポジションを落とす」という、『続マーケットの魔術師』でスティーブ・コーエンが述べたＰＦ管理手法を実際に使っています。

5．損失のコントロールだけに注目する熟練したトレーダーは常に成功する

ここでは前回に続いて、損切りの大切さに関してのベレスの文章を見て行きましょう。

「損失をコントロールすることだけに注目する熟練したトレーダーは常に成功する」

↓　これは真の名言です。なぜなら、前回の「損失はがん細胞と同じ」でみたように損失＝がん細胞なので、そこをコントロールできるということは〝がんサバイバーになれる〟こととほぼ同義だからです。また、ほとんど同じようなことは1935年に初版が出版された永遠の名著『投資を生き抜くための戦い』の中で著者のジェラルド・M・ローブが既に語っていました。改めて引用します。

「損失を減らすことは常に正しい。損切りできる人は長い目で見ると一番成功する。これは自信を持って教えられるマーケットの唯一の原則である」。心震える、とてつもない名言ですね。

さらに1世紀近くの時が流れ、同じく超名著『システムトレード　基本と原則』（パンローリング・2011年）の中で、著者のブレント・ペンフォールドもほぼ同義のことを激アツで語っていました。大切なことなのでこれも改めて引用しておきます。

「トレーディングで成功するための本当の秘密はただひとつ。損失を管理すること。勝ちトレードはほとんど無視してよい。それらは普通、問題にならない。利は伸びてめったに損にならない。成功するためには、損失の管理にすべてのエネルギーと決断力を集中する必要がある」

そして私自身も日々のPF管理で一番気を付けているのがこの損失のコントロールです。具体的には、SBI証券の自分のPFを〝含み損順〟に並べて毎日穴が開くほど凝視し、〝自分の許容限界ライン〟を超えた損失を出している銘柄がないかを見張っています。

「過去に犯した失敗から学んでいる限り、将来の失敗が一つずつ少なくなっている。損失は力になり得る。今日、我々が何年もマーケットをアウトパフォームできているのは、過去に失敗を重ねてきたから。トレーダーが被る損失にはかぎりがある。これは失敗にも限りがあるということを意味する。重要なのは、損失からいかに学ぶか。数多くの負け方を経験することができ、そして、そこから教訓を学ぶことができれば、知恵とトレーディング手法のレベルは他の追随を許さない高みに達する」

↓ 素晴らしい表現ですね。

「トレーダーとして損失を完全に排除することは決してできない。損失は永遠になくなることはない。我々の力が及ぶのは損失をコントロールすることだけである」

↓ 本当にその通りです。私達は自分自身でコントロールできることだけに集中するべきなんですね。

「負けを経験するたびに次に向けて自分が強くなっている。起き上がるたびに心が明るくなっている」

↓ 心理的にそれが真実であると実感できる、とても理に適った表現ですね。

くー、これは本当に凄い本です。未読の方は投資家人生を間違いなく損していますね。

6. 凄腕投資家の特徴

ここではベレスが凄腕トレーダーについて語った部分を見て行きましょう。

「勝者の自信、あるいは確信の程度は想像を絶する」

「連勝しているトレーダーを5人探してくれれば、彼らがまったく異なる思考回路を持っていることにすぐに気付く。彼らは別世界から現れたかのようである。椅子に座る様は帝王のようでさえある。彼らは熟慮の上で行動をとり、判断は素早く適切である。それでもゆったりと余裕があり、快適そうである」

「トレーダーとして快適さは大敵である。心理的に心地よいものは、ほとんどの場合間違ったものである。逆に、ある特定の戦略やアプローチが心理的に、感情的に受け入れ難いものであれば、それが正しいものである確率は極めて大きい。つまり、ある一定の水準に到達したトレーダーは、自然な発想が逆転し、ほとんど非人間的ともいえるようになる」

「最高に優れたトレーダーは、言いわけをしない」

「真に熟練したトレーダーは、自らが他者の注視する出来高となる。彼らは自らその8分の1ポイントの上昇を作り出す買いを入れる。換言すれば、チャートを作りに行く。熟練したトレーダーは、想像以上にそうした技を使っている」

さて突然ですが、上の5つの文章を読んで、皆様はどのような感想を持たれましたか？　もしかすると、〝ちょっと何を言っているのか分からないな〟と思われた方もいらっしゃるのではないでしょうか？

実は今回のこの5つの文章は、私が一流と考えているA級投資家の方々が共通に持つ特徴を頭に思い描きながら選んだものでした。

彼らは〝明らかに普通の投資家と、考え方や思考の結果としてのアウトプットの出力内容が違う〟のです。そして、ベレスは間違いなくそのA級の投資家が共通して持つ独特の資質に気付いた上でこの本を書いているんですね。本当に素晴らしい一冊だと思います。未読の方は是非。

【新版】リスクの心理学

アリ・キエフ［著］、平野誠一［訳］、パンローリング・2019年

著者のアリ・キエフ（1934～2009年）は、世界一のトレーダーとして知られる、スティーブ・コーエン（1956年～）が率いたかつての世界最大級ヘッジファンド・SACキャピタル・アドバイザーズに、2009年に亡くなるまで〝永久雇用〟されていた、世界ナンバーワンの金融トレーディングコーチとして有名な精神科医です。

1．総論

この本には、勝てるトレーダーになるためのヒントがまるで宝箱のように詰め込まれていいます。また、文中には仮名で多くのトレーダーが登場するのですが、その多くは恐らく世界ナンバーワンのヘッジファンドとして知られたSACの超凄腕達だろうと思います。

彼らのリアルな悩みや、その驚異的な勉強量と努力や、異次元の洞察力と決断力に触れられ

ることもこの本の大きな魅力となっています。正直に言うと、今「株式投資本オールタイムベストシリーズ」をブランニューで書くとしたら、ベスト20は当確、もしかするとベスト10もあり得るな、という〝ホームラン級の神本〟ですね。

さて、私にとってこの本は、極めて大切な最高の一冊であると同時に〝読み返すのがとても怖い本〟でもありました。なぜなら、本書（ダイヤモンド社、２００３年）を読むことによって、私は自分の投資家としての最大の欠点をようやく明白に、切実に意識するようになったからです。それは、以下の2点です。

1. 自分はこれまで、投資家として「十分に大きなリスク」を取って来なかったこと。
2. 自分は「含み益のあるポジションを買い増す」という、利益を伸ばすために必要な行動が非常に苦手であり、そのためにここまで資金量のずば抜けた、突出した超A級の投資家になれなかったこと。

そして正直に告白すると、私は依然としてこの2つの欠点を完全には克服しきれていません。本当はこれらを乗り越えてからこの本の書評を書きたかったのですが、自らの投資家としての欠点をいったんここで白日の下に晒し、それによってさらにレベルアップを目指すべきであると考え直し、ついに観念して記事をアップすることにしました。それでは、この〝トレーダーの欠点を炙り出す恐怖本〟のベストオブベストのところだけを一緒に見ていくこととしましょう。

2．成功するには、含み益の出ているポジションの買い増しが必要

まずは、いきなり最高のできである「序章　目標を達成できない本当の理由」から。

「常識には、人間の行動を習慣の枠にはめ込み、創造や活力を奪う側面がある」

「トレーダーは、リスク回避という人間にとっては自然な性癖を克服する方法を意識して探さなければならない」

「トレーディングの利益の大半はごく一部の売買（率にして3～10％）から生まれる」

「含み損はさっさと切り捨てて含み益をできるだけ伸ばす（買い増すか長期間保有する）という、直感とは正反対の行動が正解、である」

アリ・キエフ博士の指摘はのっけから強烈です。

常識に縛られた〝意識の自動回路〟に捉われていては、並外れたパフォーマンスを上げることはできない、ということですね（汗）。

また、これは個人的なメモ書きなのですが、自分は逆行したポジションの迅速な損切りも、含み益の出ているポジションの長期保有も両方とも何の問題もなくできるのですが、〝含み益の出ているポジションの買い増し〟が非常に苦手で、この点の克服が現在の最大の課題、となっています。

「トレーディングの勝者と敗者を決めるのは、自ら設定した目標にこだわり、不確実性から生

じるストレスや感情的な反応に直面しても適度なリスクを取り続けられる能力があるかどうかである」

「成功するには、具体的な成果をイメージして積極的にリスクを取りに行く必要がある」

「そのためには、思惑通りに運んだらポジションを積み増したりしなければならない」

いやあ、何度読み返してもキエフ博士の言葉は鋭いですね。胸にグサグサとナイフのように突き刺さります。

3. ゴールを設定してそこに至る手順を逆算することが大切

ここでは、「第2章　トレーディング・アプローチを理解する」から。

「コミットメントとは、成功の保証がないことを承知の上で、一定の成果を約束し、わざと自分を追い込むことである」

「コミットメントは、自分を追い込むことで秘められたエネルギーを大量に解放し、ビジョンを実現する可能性を大いに高める行為だといえる」

「精神と肉体の両面で努力を重ねると、たいていのことはできる」

「失敗を恐れず、好ましい結果が生まれることを信じて物事に取り組む」

「コミットメントとは、『自分にできるだろうか』と問うことではなく、『やってやる』と宣言することである」

「私の言う信念とは、ゴールを設定してそこに至る手順を逆算すること、だ」
「目標を達成するためには、リスクを取る気概を持たなければならない」
「身のまわりの出来事を解釈するための枠組みは、自分の力で変えることができる」
「コミットメントとは、公約しそれを守ることによって自分の人生をつくり上げていくことである」

スティーブ・コーエンが率いていた世界最高峰のヘッジファンドであるSACの中には、オフィスをうろちょろしているキエフとの面談を死ぬほど嫌がっていたトレーダーも結構いたということなのですが、こういった彼の言葉を見るとそれも何となく分かる気がします。なんというか、ちょっと〝洗脳っぽい〟部分があるんですね（笑）。

ただ、ゴールを設定して具体的な作戦を練ることは、私もとても大切だと思います。実際、ここには書きませんが、5年後の中期目標の資産額と今年中の必達目標の資産額は、自分の中では常に明快に示しており、どうやったらそこに辿り着けるか、どの銘柄にどのくらいの時間軸でどの程度の資金を入れて戦うのが最適なのか？　をいつも考え続けています。

4．市場は常に、新しい情報や視点から取引に参加するチャンスを与えてくれている

今回は「第3章　自分の感情にどう対処するか」からですが、ここはマジで凄いです。私の投資家人生に大きなプラスの影響を与えてくれた〝神章〟ですね。

「値下がりしている銘柄は、早々に手放すのが優れたリスク管理です。下げ止まって値上がりを始めたら、その時点で買うか見送るか決めればよいのです。値上がりするまで売却を待てなかったことで自分を責めてはいけません。いいですか、この取引はふたつの部分に分けて考えるべきです。ひとつはポジションを守るためのリスク管理の部分。もうひとつは、反発した後に再度購入する部分です」

「反発後に再度購入することに抵抗があるようですが、こんなふうに考えてみてください。市場は常に、新しい情報や新しい視点から取引に参加するチャンスを与えてくれている。だからこちらも、変化に対応する準備を常に整えておかなくてはならない。これはとても重要なことです」

私は前述した通り、含み益のあるポジションの買い増しがとても苦手なわけですが、それはつまりモメンタム投資が苦手ということでもあります。ただ、モメンタム投資がパフォーマンスキング、であることは今や明白な事実です。そのため〝逆張り&バリュー一辺倒〟でここまで19年の内の15年程度を生き抜いてきた私は、その成績改善のためにモメンタムの力をどうしても自らの中に取り入れたいと考え、日々必死にバタ足をしてもがき続けています。

そんな中でこの本を再読した時に出合った、キエフ博士の「市場は常に、新しい情報や新しい視点から取引に参加するチャンスを与えてくれている。だからこちらも、変化に対応する準備を常に整えておかなくてはならない」という名言は、順張りへの拒否感がどうしても消えない私の〝心の障壁〟を柔らかく溶かしてくれる魔法の言葉でした。非常に印象的でしたね。

5. 相場の流れに身を任せることが必要

今回は「第4章　流れに身を任せる」から。

「トレーディングとスキーは非常によく似ている。制御しようという気持ちを捨てること、実際に参加すること、売買という現象を少しずつ受け入れていくこと。仕掛けた売買がうまくいっている間は、肩の力を抜いてリラックスし、相場の流れに身を任せてポジションを長く大きく持つようにしなければならない」

「決断を誤れば事故に遭う可能性もあるが、そのリスクを取らなければ勝つことはできない」

「トレーディングでも、早めに的確な決断を下して、あとは流れに任せるというスタイルを身につける必要がある」

「レースクラッシュの仕方を学ばなければならないように、トレーディングでは上手な損の仕方を学ばなければならない。損を出したらそれを認識して受け流し、次の勝負で勝つ準備をしなければならない。自分のレベルをひとつあげるためには、こういった心理面での進歩が必要だ」

いやあ、いい表現が多いですね。自分の経験でも大きな利益になったトレードというのは、〝騰がり始めたポジションをただただご機嫌でホールドしていただけ、まさに流れに身を任せていただけ〟ということがほとんどなんですね。

そして、「損を出したらそれを認識して受け流し、次の勝負で勝つ準備をしなければならない。自分のレベルをひとつあげるためには、こういった心理面での進歩が必要」というのも至言と思います。

6. 痛みを行動の適否のバロメーターとして利用する

ここでは「第6章　ハイリスク・トレーダーを解剖する」から。

「トレーディングにおいては頑なな態度を取らず、柔軟に取り組まなければならない」

「自分の知性は利益を上げるために使わなければならない。たとえその結果、自分が凡庸なトレーダーに見えてしまうとしても、利益を優先すべきなのである」

「ハイリスク・トレーディングに手を染めているトレーダーは、自分の現実をトレーディングの場に持ち込んでいる。失敗はしたくない、人と違うことをしたい、安値で買いたい、一番乗りになりたい、市場コンセンサスの裏をかいてやりたいといった現実だ」

「自分がなぜこの銘柄でポジションを持ったか、具体的な理由を言えるようにしなければならない。もしその理由がいえないのなら、単に人と違う事がしたいという理由で保有し続けたりせず、早々にポジションを解消しなければならない」

「一番乗りになりたい一心で相場が転換する前にポジションを持ってしまうトレーダーは、一歩下がって相場の転換を待つようにすべきだろう。自分が望んでいない方向に動いている相場に関わって痛みを感じるよりも、手を出さない寂しさを感じているほうが良い、と考えてもいいだろう」

「痛みを感じるならその行為は正しくないという具合に、痛みを行動の適否のバロメーターとして利用するのだ」

これらのキエフの指摘は胸に深く沁みます。私は逆張り思考の極めて強い投資家ですが、逆張りしたいがための安易な逆張りをしてはいけない、あくまでも他の投資家が悪材料に対して過剰反応し過ぎているという確信が持てる場合に限定しなくてはならない、のですね。言い方を変えると、〝市場心理に対しての逆張り〟が大切なのであり、好材料に対して市場が過小反応した場合には順張りが〝逆張り思考〟の発露であることもあり得るわけです。

またもう一つ、「痛みを行動の適否のバロメーターとして利用」すればよいという指摘も、具体的で素晴らしいと思いました。

「人とは違うことがしたいという理由だけで逆張りのポジションを取らないようにする。人とは違うところを見せたいという気持ちを捨てる。特に、市場参加者の大多数の判断が正しい時にはそれに逆らわないようにする」

「相場の転換点を狙ったトレーディングには手を出さないようにする。一番乗りになりたいとか後れを取りたくないという理由から非常に早い時期にポジションを持つこともやめる」

「ニュースには早めに対応する。株価が下落しているときには、早々に手じまって損切りを行う。『ダブリング・ダウン』などのナンピン買いは厳禁」

非常に実践的で素晴らしいアドバイスですね。この中では特に「非常に早い時期にポジションを持つ」癖が自分にはあり、それは端的には5～6年前から既に６４２５ユニバーサルエンターテインメントを主力にしていたことに現れているのですが、こういった期待値の低い投資行動は年間パフォーマンスを大きく押し下げるので、今後〝適切な時期にバスに乗り込む〟ことをさらに徹底していきたいと考えています。

7．大半のトレーダーは十分なリスクをとっていない

今回は「第８章　大きなリスクを取る」から。

「大半のトレーダーは十分なリスクを取っていない。大きなリスクを取るとかなりの確率で報われることがわかっていない」

「トレーダーを名乗るのであれば、ある程度のリスクを取らなければならない」

↓　私がここまで投資家として大成することができていないのも、結局のところはリスクを十分に取って来なかったからです。キエフ博士のこの真っ直ぐな指摘が心に刺さります。

「目標に即したリスクを取り、それによって発生する損益の大幅な増減にも耐える気概を持つことが重要である」

「トップレベルのトレーダーは、利益のほとんどをわずか３％の売買から稼ぎ出す。この『３

％ルール』を日々のトレーディングと両立させるには、ぶらぶらと歩き続ければよい。落とし穴を避け、チャンスを探しながら、損益のボラティリティを管理していけばよいのだ。優秀なトレーダーはチャンスを見つけたら、すぐに飛びつく」

↓ 日々の投資では、損切りを確実に徹底し、市場を広く見て色々なことを考えながら、楽しくほっつき歩いていればいい、そして飛び切りのチャンスを見つけたらすぐさま両手で掴み取ればいい、思いっきりバットを振ればいい、ということですね。それにしてもこのキエフの「ぶらぶらと歩き続ければよい」という表現は面白く、かつ適切だなと思いました。なぜなら、過去に自分が掴んだビッグチャンスの多くも、市場でウロウロしていてたまたま偶然に出合ったものがほとんどだったからです。この本の魅力の一つは、説明がとにかく具体的でかつ納得しやすいことなんですね。やっぱり、世界一のトレーダーのスティーブ・コーエンが自社で〝永久雇用〟した実力は並みじゃない、ですね。

「ポイントは投資金額を大きくし、損失はできるだけ小さく留め、可能な時には自分の目標に合ったリスクを取るよう心がけることだ」

「損失が出たら早々に手じまうというだけでは十分ではない。その一方で、利益の出ているポジションを大きくしなければならない。思い通りに事が進んでいる3％の売買で、利益を最大化することにエネルギーを集中するのである」

↓ この最後の一文が、現在の私の最大の課題です。リスク・リワード比が優れていて自分が確信を持てる銘柄には思い切って大きな金額を張らなくてはならないことは十分に分かっているし、実際に実行できてもいるのですが、そのポジションが思い通りに動き出した時に、株価が上がったという情報をポジティブに捉えてさらにオラオラでドンと買い乗せすることが自分は依然として苦手であり、それが克服すべき山なんですね。

8．ポジションを少しずつ大きくすることで、恐怖感を少しずつ克服する

今回は「第9章　失敗を成功に変える方法」から。

「トレーダーは遅かれ早かれ損失に直面する。しかし、損失を避けることがトレーディングの目的ではない。最終的に勝利を収めるために、損失に対処する方法を学ぶことのほうがはるかに重要である」

はい、我々投資家にとって最も大切なことは適切に損失に対処することですね。この難題に対してのキエフの回答は素晴らしいです。続きを見ていきましょう。

「損失を抱えたら、自分のゴールは何かという原点に立ち返らなければならない。どのポジションを小さくすれば損失拡大を未然に防げるか考えなければならない。放っておけば損失が拡大し、目標達成を邪魔しかねないからだ」

「投機色の強い市場で絶対に避けなければならないのは、損失を取り戻そうとすることである。ポイントは合理的になることだ。損失が出たら切る。そして元気を取り戻し、次の攻めに臨む。

過去を悔やまず、今日のプランを考える。過去の失敗を反省し、教訓を学び取る。過去はこれからの運用成績を測る物差しとして、戦略を改善するためのヒントとして活用する。トレーダーは常に先を見なければならない」
「自分がパニックに陥りつつあることに気付いたら、それはおそらく保有しているポジションが大きすぎるためである。パニックが収まる水準までポジションを小さくするとよいだろう。トレーディングは我慢比べではない。いったん小さくしたポジションは、風向きが変わればいつでも元に戻すことができる」

損切りの大切さ、損が出た時の具体的な対応方法、非常に分かりやすいですね。そういえば、「いったん小さくしたポジションは、風向きが変わればいつでも元に戻すことができる」という表現は、スティーブ・コーエンも使っていたように思います。キエフとコーエンは頻繁に会話をしていたでしょうし、これは別に不思議ではないですね。

また、これは余談&私の推測ですが、この本ではケーススタディとして多くの凄腕トレーダーが仮名で出てくるのですが、第7章に書かれている「達人トレーダーのサム」がコーエンその人なのでは？　と思っています。興味のある方は是非該当ページを読んでみてください。
「含み益ができて失敗したくないと思い始めると、トレーダーはポジションの積み増しをためらうものだが、実はこのときこそポジションの規模を大きくすべきである。目標を達成するためには、『損は切って利は伸ばせ』という相場の格言を実行しなければならない」

「相場が自分の思惑通りに動いているなら、ポジションを少しずつ大きくし、リスクを取る能力を少しずつ発揮する必要がある。乗り越えなければならない最大の障害は、大きな損失に対する恐怖感である。ポジションを少しずつ大きくすることで、この恐怖感を少しずつ克服するほうが賢明だろう」

含み益のある、力強いモメンタムを発揮しているポジションをどのように買い増しするのか？についてのこのキエフの説明は納得しやすいですね。このように〝実践的で明日からの相場ですぐに役立つアドバイス〟に溢れているのが、この本の大きな魅力の一つなんですね。

9．〝自らの中の爬虫類〟に従う

今回は「第11章　リスクに立ち向かう三種類の道具」から、自らのメモ書きを紹介します。

「トレーディングの達人になるためには、貪欲さと恐怖心のバランスを取る術を学ばなければならない」→　まさに至言ですね。

「ポジションの規模。現在のポジションの規模は、自分の利益目標やゴールを考慮して設定したものか否か？」→　はい、もちろんです。

「自分で自分の行動を縛っていないか？　含み益のあるポジションを買い増しするのに抵抗を感じるか？」→　はい、未だに感じます。何度も書いていますが、この精神的な欠陥を克服することが今の私の課題ですね。

「自分の本能に従う。買いたいと思ったら買う、売るべきだと思ったら売る」→これは大切だと思います。一定以上の経験値と知識・技量がある場合には、トレーディングにおいては〝自らの中の爬虫類〟に従う方がパフォーマンスが良くなると思いますね。自分もそうです。

10. へっぽこ投資家であることを隠さない

ここでは「終章　まず、やりたくないのにやっていることがないかを考えよう」から。

「完璧を期してはならない。細かいことにこだわってはならないし、かっこよく見せたいという気持ちも捨てなければならない。行動していれば恐怖を振り払うことができ、これまで見えなかったものも見えるようになる」

「目の前の仕事に取り組む。そしてチャンスの到来に備えて耳を澄ませる。チャンスが訪れたら、ためらうことなくこれをつかむ」

私は、完璧さを求めないこと、自分が優れた投資家であると周りに証明しようとしないこと、本当はかっこ悪いミスばっかりしているへっぽこ投資家である現実を隠そうとしないこと、はとても大切だと考えています。

そして、この考え方を前提として書評を書き続けています。自分の良い所も悪い所もそのまま洗いざらい表現しながら、明日は今日より半歩でも良い投資家になりたい、そう思って継続しているのです。

「成績を重視し過ぎてはならない。成績を重視し過ぎると、不振だったといって落ち込んでしまったり、大成功だったといって天狗になったりしかねない。トレーディングにおけるコミットメントの最大の目的は、自分がすでに持っている資源を最大限活用し、不安を感じることなくリスクを取れるようにすることである」

資本主義の究極の最終形態の中で、激烈なプレッシャーと苛烈な競争と共に戦い続けている私達投資家にとっては、究極的には〝結果が全て〟です。それはもちろんそうなのですが、実際の戦場では完璧さや成績の良さやかっこの良さを求め過ぎない方がいい、その方が結果が遥かに良いということなんですね。

タフな、血で血を洗うバトルフィールドで永遠に続く濃厚な瞬間を過ごしている我々トレーダーには、何よりも「精神的な強靭さ（メンタルタフネス）と、負けた場合の回復力（レジリエンス）の高さ」が求められています。この2つがなければ市場で生き抜くことはできません。そして、その困難な道のりの確かな支えとなってくれるのが、この〝キエフの神本〟なのです。正直に言えば秘密にしておきたかった、まったく紹介したくはなかったホームラン級の名著です。未読の方は是非こっそりと読んでみてくださいね。

ファクター投資入門

アンドリュー・L・バーキン、ラリー・E・スウェドロー［著］
藤原玄［訳］、パンローリング・2018年

この本は、株式投資における「ファクター」の考え方や使い方を、我々個人投資家に分かりやすく解説してくれます。2010年代に新しく発売になった投資本でも五本の指に入る、とんでもない、震えがくるほどに最高の一冊ですね。

1．総論

私は2018年も例年同様、数十冊の投資関連本を新規に読みましたが、率直に言って12月に発売になったこの本が、断トツナンバーワンの投資本です。

もっと言うと、2010年代の投資本でもホームラン級の名著ではないでしょうか。また、今から「株式投資本オールタイムベストシリーズ」を書くとしたら、間違いなくベスト20には入るだろうと思います。

またこの本は定価が1800円なのですが、その内容の重大性・革新性から考えると、最低でも7800円、欲張ったら9800円くらい取っても良かったのではないか？　と個人的には思います。出版元のパンローリングは、再現性に乏しいオカルトチックなテクニカル系の駄本に強気で高額な定価をつける一方で、今回のように〝数年に一冊〟というレベルのホームラン級の神本に驚くほど良心的な価格をつけることがあります。不思議な出版社ですね。

ただ最初に言及しておくと、この本は『ファクター投資入門』という題名とは裏腹に、株式市場・金融・統計に関して一通りの知識がある、中上級者以上の投資家を読者として想定していると思います。しかし逆に言うと、腕に覚えのある投資家の方々にとっては〝5000円の持参金付きで、本屋さんで0円で売っている奇跡の一冊〟という言い方もできるでしょう♪

すみません、興奮のあまり前置きが長くなってしまいました。それでは、この本のベストオブベストの大トロの部分だけを一緒に見ていくことと致しましょう。

2．魂の震える名著

まずは「監修者まえがき」から。

「ここで言うファクターとは、投資における収益の源泉となるプレミアムを持つリスク因子を指す術語であり、すでに機関投資家の間では標準的な手法となっている」

「さて、投資の世界においてファクターという概念の導入が画期的だったのは、各銘柄のファクター値によってユニバース内でのクロスセクションでの相対的な期待リターンや期待順位を説明しようとしたことにある」

「この発想の転換によって、有価証券の未来に関する説明力は飛躍的に高まることとなった。実際、それまでまかり通っていたほとんどの○○理論や××分析のたぐいはオカルトかジョークにすぎず、投資の世界はルネサンス期以前の暗黒時代のようなものであった。私たちはファクターというレンズを得て、ようやく金融市場を科学的かつ実証的に理解する入口に立つことができたわけである」

「ファクターについて理解することは合理的な投資を指向する投資家にとって極めて重要な意味を持つが、驚くことに、これまでは適切な入門書は存在しなかったのである」

「本書は気軽に読むことができる初めてのファクター本である。類書はまったく存在しない」

いやあ、辛口で知られる監修者・長尾慎太郎氏の激賞ぶりが半端ないですね♬

ちなみに私は2018年、街で一番の大きな本屋さんで立ち読みしていて偶然この本を見つけたのですが、本の背表紙・裏表紙の紹介文と、この長尾氏のまえがきでの激押し、そして本文を50頁くらい速読で斜め読みして、〝あっ、これはかなりヤバいな。年に1冊あるかないかの名著の予感がプンプンする〟と直感し速攻で買い、小躍りしながら家に帰ってすぐにむさぼり読みました。

そしてあまりにも良い本だったので、これまでにもう3回も読みました。それではいよいよ私の〝投資家としての魂が震えた〟極上のエクセレントな所を見ていきましょう。

3. 有効なファクターに必要な5つの要素

ここでは、いきなり最高にクールな出来の「まえがき」から。

「複雑さや不透明さから明確さを引き出すことがわれわれの目的である」

「バフェットをしてレジェンドならしめたような投資を行うために必要なファクターはほんの一握りにすぎない」

「ファクター動物園（みきまる注・600もある）のどれが投資に値するものであるかを判断するために、われわれは次のような要件を設けている。検討に値するファクターたるには、これらすべてのテストを通過しなければならない。

まずは、PFのリターンに対する説明能力を持ち、プレミアム＝より高いリターンをもたらすものでなければならない。そして、ファクターは次の要素を持たなければならない。

○持続性　長期間にわたり、異なる経済的レジームでも有効である。

○普遍性　あらゆる国、地域、セクター、さらにはアセットクラスで有効である。

○安定性　どのような定義でも有効である（例えば、バリュープレミアムを測るにはPBR、PER、PCFR、PSRなどがある）。

○投資可能性　机上のみならず、取引コストなど実践する時の検討事項を考慮したあとでも有効である。

○合理的説明　そのプレミアムとそれが存続する理由を、リスクに基づき、または投資家の行動に基づいて、合理的に説明することができる」

この本が凄まじいのは、我々個人投資家が株式市場という真の戦場・リングで戦って行くにあたって、〝本当に効くパンチが何なのか？〟を理屈と共にそのものズバリ教えてくれるところです。まるで、ボクシングの井上尚弥選手のお父さんにみたいに頼りになる、一冊なんですね♬

私は今までに数百冊を超える投資本を読み倒してきましたが、〝読んで、ダイレクトに翌日からガツンと役立つ〟という意味ではこの本がもしかすると一番かもしれないです。本当に強い衝撃を受けました。

「CAPM《キャップエム》（Capital Asset Pricing Model 資本資産評価モデル）は、『ワンファクター』のレンズを通してリスクとリターンを見ている」

「どれほど多くの銘柄を保有しようとも、市場ベータのリスクを回避することはできないので、システマティックリスクまたは分散不可能なリスクと呼ばれる。ファクター動物園を巡るツアーでの最初の係留地は市場ベータとなろう」

それではいよいよ次回から、本文へと分け入って参りましょう。

4. 市場ベータ

今回は、「第1章　市場ベータ」から。

「市場ベータは、ある資産が市場全般と連動する度合いを示すもの」

「ベータが1を超えるということは、その資産が市場全体よりもリスクが高いということ」

「市場ベータの場合、アメリカ全体の株式市場の年平均リターンを算出し、そこから1ヵ月物のTビル（Treasury Bills：満期が1年以内の米国債）の年平均リターンを差し引く」

「1927～2017年までの期間で、アメリカの市場ベータのプレミアムは年率8・3％であった」

「重要な教訓は、ファクターから期待プレミアム（保証されてはいない）を獲得したいと思うのであれば、リスクを受け入れなければならない、ということだ。リスクを取っても報われない時期もある」　↓　これは本当に重要な指摘ですね。

「株式のリスクプレミアム（ERP＝equity risk premium）」

「1900～2015年において、年平均プレミアムは、すべてのケースでプラス」

「世界全体では4・1％、アメリカを除く世界全体で4・5％、ヨーロッパが5・1％である。市場ベータのプレミアムに普遍性があることは明白である。また、アメリカが最も高いリターンをもたらす国ではないことが分かる」

図表5・1を見ると、私達が日々戦っている日本のリスクプレミアムは、1966～2015年で4・0%、1900～2015年で6・2%となっています。世界平均と比べて特に悪いわけではないことが分かりますね♬

図表5.1　世界のERP

	ERP（%、1966～2015年）	ERP（%、1900～2015年）
オーストラリア	3.5	6.0
オーストリア	1.4*	5.5
ベルギー	3.4	3.1*
カナダ	2.3	4.1
デンマーク	4.8	3.4
フィンランド	6.1	5.9
フランス	4.9	6.2
ドイツ	3.9	6.1
アイルランド	4.8	3.7
イタリア	1.5	5.8
日本	**4.0**	**6.2**
オランダ	5.2	4.4
ニュージーランド	3.2	4.4
ノルウェー	4.2	3.1*
ポルトガル	3.9	4.7
南アフリカ	5.9	6.3**
スペイン	3.7	3.3
スウェーデン	6.6**	3.9
スイス	5.2	3.7
イギリス	4.6	4.3
アメリカ	4.4	5.5
世界	4.1	4.2
アメリカを除く世界	4.5	3.5
ヨーロッパ	5.1	3.4

* 最小値　** 最大値

5. サイズファクター

今回は「第2章　サイズファクター」から。

「サイズファクターは、小型株の年平均リターンから、大型株のそれを差し引くことで算出される」

「それゆえ、このファクターはＳＭＢ（Small minus Big）とも呼ばれる」

「１９２７～２０１５年の、アメリカのサイズプレミアムは年率３・３％であった」

「それほど大きなものではないにしても、世界中の先進国または途上国の株式市場においてサイズプレミアムを確認することができる」

はい、バーキン&スウェドローの検証でも、サイズプレミアムは明白に存在するということです。

そしてサイズプレミアム＝小型株効果は、私がずっとメインにしている投資手法の一つでもあるので、〝自分はマーケットに対して間違いなく有効な戦略を取れている〟という安心感がありますね♪

ちなみにこのサイズプレミアムに関しては、以前に私のブログでまとめた記事がありますので、是非合わせてご覧下さい。「小型株効果についてのまとめ　永久保存版【２０１８年度版】」

https://plaza.rakuten.co.jp/mikimaru71/diary/201806070000/

6. バリューファクター

今回は、「第3章　バリューファクター」から。

「ユージン・ファーマとケネス・フレンチによる1992年の論文が、ファーマ・フレンチの3ファクターモデルを生み出した。このモデルは、市場ベータにサイズとバリューのファクターを付け加えたものである」

「割安な資産は割高な資産をアウトパフォームする傾向にあるとするバリューファクターを付け加えたことで、ベンジャミン・グレアムとデビッド・ドッドを先駆けとするバリュー投資のスーパースターたちの優れたパフォーマンスを説明することができるようになった」

「バリューファクターは、HMLとも呼ばれる。つまり、BMR（Book-to-Market Value 簿価時価比率。簿価を時価総額で割った値）の高い（High）銘柄のリターンから、BMRの低い（Low）銘柄のリターンを差し引いた（Minus）ものということである」

「そして、BMR比率が最も高い上位30％をバリュー株、最も低い30％をグロース株と定義する。その中間に属する40％はコア銘柄と考えられている。1927〜2015年までの期間におけるアメリカ株のバリュープレミアムは年4・8％であった」

「アメリカでは1952〜2015年の期間において、BMRで測ったバリュープレミアムは年率4・1％（T値＝2・9。T値（T-stat）とは統計上の優位性を示す指標。一般に、その値が2を上回れば、ランダムなノイズではなく有意であるとされ、数値が大きくなるほど、信頼度は高くなる)。ＰＣＦＲ(株価キャッシュフロー倍率)で測ったバリュープレミアムは年率４・７％（同２・４)、ＰＥＲで測ったバリュープレミアムは年率６・３％（同３・４）であった」

「さまざまな定義に照らしてもバリュープレミアムが見て取れるだけでなく、これら代替的な指標の多くでリターンはより高いものとなったのである」

さてここで私のブログの表題を改めて見ていただくと、「みきまるの優待〝バリュー〟株日誌」となっております。

つまり、私はこのバリュープレミアムを〝投資手法の主軸〟に据えて戦っている投資家であるということです。

なので、バーキン&スウェドローの検証でも、このようにしっかりとバリュープレミアムが証明されたことに、ホッと安堵しています。

そして、多くの過去の大投資家達がこのバリュープレミアムを利用して実際に莫大な富を築き上げてきました。その詳細については、「凄腕バリュー投資家を見てみよう　２０１８年編」https://plaza.rakuten.co.jp/mikimaru71/diary/201810060000/　を是非ご覧下さい。

7．モメンタムファクター

今回は、「第4章　モメンタムファクター」から。

「モメンタムとは、直近で優れたパフォーマンスを上げた資産が、将来も引き続き、少なくとも短期間は優れたパフォーマンスを示し続ける、あるいは直近で優れたパフォーマンスを上げなかった資産が、将来も引き続き、少なくとも短期間は優れないパフォーマンスを示し続ける傾向にあることを指したものである」

「1997年にマーク・カーハートが自身の論文でモメンタムという言葉を初めて用い、ファーマ・フレンチの3ファクターモデル（市場ベータ、サイズ、バリュー）と合わせて、投資信託のリターンを説明しようとした」

「ここでは、モメンタムの定義を直近の1ヵ月を除く過去12ヵ月（言い換えれば、2～12月）のリターンと定義する」

「この基準に従ってランク付けされた上位30％の銘柄の平均リターンから、下位30％の銘柄のそれを差し引くことでモメンタムファクターとする。このモメンタムファクターはUMD（Up Minus Down）とも呼ばれる」

「モメンタムファクターを加えることで、資産評価モデルの説明能力が大きく高まることになる。3ファクターモデルは分散されたPFのリターンの違いの90％ほどを説明できるが、この説明能力が5％ほど向上し、90％台半ばにまで増大する」

「またそれによって、『4ファクターモデル』はファイナンスの世界の主要なモデル』となり、ファンドマネジャーや彼らの戦略のパフォーマンスを分析・説明するときに用いられるようになった。１９２７～２０１５年の期間におけるモメンタムファクターの年平均リターンが９・６％である」

全てのファクターの中で、年間プレミアムが最も大きいのがこのモメンタムファクターです。まさに、〝モメンタム投資はパフォーマンスキング〟なんですね。

そして、多くの過去の大投資家達がこのモメンタムプレミアムを利用して実際に莫大な富を築き上げてきました。その詳細については、「凄腕モメンタム投資家を見てみよう　２０１８年編」　https://plaza.rakuten.co.jp/mikimaru71/diary/201809220001/　を是非ご覧下さい。

つまり私達投資家は、この「モメンタムの力」をＰＦに取り込むことがどうしても必要であるということです。そして私は現在、「バリュー　↓　モメンタム戦略」を通して、その努力を継続しています。

8. 収益性・クオリティのファクター

今回は、「第5章　収益性・クオリティのファクター」から。

「収益性のファクターは、収益性が高い上位30％の企業の年平均リターンから、それが低い下位30％のリターンを差し引くことで算出される。論文ではこれをＲＭＷ（Robust-Minus-Weak）と呼んでいる」

「売上高から製造原価を差し引いたものを収益性と定義すると、１９２７～２０１５年の期間において、最も収益性の高い企業のリターンは、それが最も低い企業のリターンを年3・1％上回るものであった」

「収益性のファクターは、クオリティの高い企業のリターンからクオリティの低い企業のリターンを差し引くことで、その特徴をとらえようとするクオリティのファクターへとその適用範囲を広げることができる」

「クオリティのファクターはＱＭＪまたはQuality minus junkと呼ばれる。１９２７～２０１５年にかけて、クオリティプレミアムは年平均３・８％のリターンを上げてきた」

これまでの私の理解は、「収益性の高いクオリティ銘柄への投資は多くの投資家が好むもので、それゆえに指標的に既に割高な株価水準となっている場合が多く、結果として有効な投資法ではない」というものでした。

その意味で、この収益性・クオリティのファクターが有効であるというバーキン＆スウェドローの指摘は自分にとっては〝かなり新鮮な驚き〟でした。私はこれまで意図的にいわゆるクオリティ銘柄への投資を避けてきたのですが、今後はその方針を少し変更しようと思っています。

9．ファクター投資のまとめ

ここではここまでに出てきた有効なファクターについてのまとめを見ておきます。１９２７～２０１５年の期間で見て、市場ベータが８・３％、サイズが３・３％、バリューが４・８％、

図表5.2　市場ベータ、サイズ、バリュー、モメンタム、収益性、クオリティ（1927～2015年）

	市場ベータ	サイズ	バリュー	モメンタム	収益性	クオリティ
年間プレミアム（%）	**8.3**	**3.3**	**4.8**	**9.6**	**3.1**	**3.8**
シャープレシオ	0.40	0.24	0.34	0.61	0.33	0.38
1年間でアウトパフォームする確率（%）	66	59	63	73	63	65
3年間でアウトパフォームする確率（%）	76	66	72	86	72	75
5年間でアウトパフォームする確率（%）	82	70	78	91	77	80
10年間でアウトパフォームする確率（%）	90	77	86	97	85	89
20年間でアウトパフォームする確率（%）	96	86	94	100	93	96

モメンタムが９・６％、収益性が３・１％、クオリティが３・８％、の年間プレミアムを持つということですね（図表５・２）。

次に各ファクターの１９６４～２０１５年の相関係数です（図表５・３）。

ここで私の目が釘付けになったのは、サイズとバリューの相関係数が０・０１ということでした。これはつまり、「サイズとバリューのプレミアムは両取りが狙える」可能性があるということなんですね。

私は長年、小型の優待バリュー株に限りなく特化して戦い続けてきました。そして結果として概ね市場平均を上回る成績を残してこれたのですが、このやり方には一定の合理的な根拠があった、ということになるかと思います。本当に印象的なデータでしたね。

図表5.3　ヒストリカルの相関係数（1964〜2015年）

	市場ベータ	サイズ	バリュー	モメンタム	収益性	クオリティ
市場ベータ	1.00	0.29	-0.27	-0.17	-0.27	-0.52
サイズ	0.29	1.00	**0.01**	-0.12	-0.22	-0.53
バリュー	-0.27	0.01	1.00	-0.20	0.09	0.04
モメンタム	-0.17	-0.12	-0.20	1.00	0.08	0.30
収益性	-0.27	-0.22	0.09	0.08	1.00	0.74
クオリティ	-0.52	-0.53	0.04	0.30	0.74	1.00

10．プレミアムは広く知られると減少する？

今回は、「第8章　プレミアムは広く知られると減少するのか」から。

「投資家にとっては、論文が公表された後でもその関係が継続するのかどうかが重要な問題となる」

これは本当に重大なポイントです。例えば長年我々個人投資家の大きな武器となってきた「東証1部昇格銘柄先回り投資法」等も、各メディアで喧伝され過ぎ、あまりにもメジャーになってしまったために今ではそのプレミアムをほとんど失ってしまいました。あらゆる投資家が極限の超人的な努力を続けている、このあまりにも変化の激しい投資の世界では、永遠に有効であり続ける手法など存在しない、そんなものはどこにもないんですね。ファクター投資も決してその例外ではあり得ないはずです。続きを見ていきましょう。

「学術研究では、アノマリー（効率的市場仮説によるリスク分析では説明できない有価証券のリターン）が広く知られたあと、機関投資家はそれを求めて取引し、ヘッジファンドやアクティブ運用の投資信託が最も活発にそれを追い求めていることが見出された」

「プレミアムは消滅しない一方で、その規模は3分の1ほど低減してもいる」

「アノマリーに関する研究が公表されると、それがもたらすプレミアムを得ようとする投資家からの資金流入が増大し、それが将来の実現リターンを減少させてしまうということを承知しておく必要がある。つまり、将来のプレミアムがヒストリカルな記録と同様に大きなものとなると無批判に仮定してはならないのだ」

詳しくは本書をご覧いただきたいのですが、各種調査によると、〝ファクターの有効性が広く知れ渡ると、リターンの平均は32％減少〟します。

それはそうだろうな、と体感的にも納得できますね。ただ同時にここまでに見てきたさまざまな有効性が証明されているファクターを組み合わせて戦う〝集学的殺法〟を用いれば、依然として市場平均を数年単位で見て大きく上回ることは特に難しいことではないだろうとも感じています。

11. ファクター投資が効力を発揮するのに必要なもの

今回は非常に出来の良い「付録A　トラッキングエラーリグレット――投資家の敵」から。

「投資で成功するにはいくつか鍵となる要素がある」

「投資のリターンを検討するにあたり、典型的な投資家は3~5年を長期と考え、10年に至っては永遠だとするようだ。しかし、リスクのあるアセットクラスのリターンに関しては、3~5年という短い期間のリターンは雑音以外のなにものでもないと考えるべきである。さらに10年でさえ、比較的短い期間なのだ」

「今世紀の最初の10年におけるS&P100のリターンは年マイナス1%であることを記せば十分であろう。株式投資家は、この10年の経験を理由に、株式が安全なTビルをアウトパフォームするという信念を捨て去るべきではない」

「投資家は、リスク資産やファクターに投資するときには、それら資産やファクターが長期にわたりアンダーパフォームする可能性があることを考慮すべきだ」

「アンダーパフォームする可能性がないとしたら、そのファクターに投資することに伴うリスクはなくなり、プレミアムは消滅してしまうことであろう」

これは素晴らしい指摘です。

ファクター投資は極めてエビデンスレベルの高い、超合理的な手法ですが、それが効力を発揮するには〝長期の時間〟という魔法のスパイスが必要ですし、短期間で見れば市場平均に負けてしまうことも当然にあり得るんですね。

いやあ『ファクター投資入門』、とにかく最高の一冊でしたね。未読の方は是非。

P.S.【章の最後に一言】

それにしても『デイトレード』、とんでもない神本でした。題名で毛嫌いして読まず投資家人生を大損したかも。反省。この第5章で選んだ6冊は〝どれも飛び抜けて出来が良い〟ことを100％ギャランティー、私が保証します。興味を惹かれる本があれば、是非実際に読んでみて下さい。

あとがき　――　ブログ「株式投資本オールタイムベストシリーズ」と本書

２０１５年7月、私は自らのブログで「株式投資本オールタイムベストシリーズ」を書き始めました。きっかけは夜お酒を飲みながらふとそれまでに読み倒してきた投資本の中のベスト5をツイッターに投稿したところ、大きな反響があったことです。

実際にシリーズを書き始めてみると、滅法面白い上に自分の勉強にもなるということで、夢中で4年間近く継続してきました。ベスト80を書き上げた時にツイッター上で何気なく「内容に自信があるし、書籍化を希望している」と書いたところ、わずかに数十分後にパンローリング株式会社から「ウチでやりましょう」と言ってくれました。

私には内心「どこかの出版社は声をかけてくれるだろう」という予感はありましたが、そのレスポンスの早さには驚愕しました（笑）。後で伺ったところ同社社長が以前から私のブログやツイッターを見て下さっていて、すぐに連絡をいただけたということでした。とっても嬉しかったです。

さてまえがきにも書いたように、私がここまで投資家として生き抜いてこられたのは「ベストシリーズ」のランキング1位『生き残りのディーリング』が本棚のすぐ手に届くところにあったおかげであり、その出版元であるパンローリングから今回この本を出版できたことに不思議な縁を感じます。

少しこの本に関する裏話をすると、最初に担当編集者とお会いした時に「みきまるさんの『ベストシリーズ』にはあまりにもウチの本が多く登場し過ぎているから、意図的に他社の本の比率を増やしては」と打診されていました。それに対して私は、「パンローリングの本が多いのは、単純にそれだけ投資に役立つ名著が多いからです。だからそこはいじる必要はないしかえっておかしくなります。普通にやらせて下さい」と逆にお願いしました。そんな出版社だったからでしょうか、今回の本は、私の普段のブログの熱量や勢い・言葉遣いの〝一番いい所が丸ごと真空パック〟され、しかも一部はブラッシュアップされた、思い通りの内容となりました。筆者である自分自身が手元に置いて常に参照したい、実践的で役立つ、同時に読んでいて面白い一冊になったものと確信しています。

さて今回の本ではこれまでブログで紹介した約90冊の中から、選びに選んだ35冊を紹介しました。本当はもっともっと入れたかった名著がたくさんあったのですが、ページ数の限界で泣く泣く断念しました。ただ逆に言うと、現時点での〝究極のベストオブベスト〟を選び抜けたものとも考えています。

でも人によっては、「どうしてこの本が入ってないんだ。おかしいよ」というご意見もあるでしょう。そういう方は是非私のブログかツイッターにコメントをいただければと思います（笑）。

この本のベースとなった「ベストシリーズ」ですが、私のブログではこれからもまだまだ続きます。現時点で未発表かつ書評を既に書き上げている本だけでも10冊以上はあり、さらにこれから予定している本もたくさんあります。

世の中にはどうしてこんなにも株式投資に関する名著が多いのか疑問に感じるくらいですが、〝究極の複雑系〟であり〝人間の心理を複雑に投影し続ける世界最大のグレートゲーム〟でもあるマーケットというところは、決して語り尽すことはできない大きな宇宙である、ということなのだろうと考えています。この続きをブログでもお楽しみください。

みきまる

２０１９年6月

【免責事項】

※内容には正確を期すよう万全の注意を払いましたが、記述内容に誤り、表現の不統一、引用箇所の不一致などがありましても、その責任は負いかねます。何卒ご了承いただきますようお願いいたします。

※本書に基づく行為の結果発生した障害、損失などについて著者および出版社は一切の責任を負いません。

※本書に記載されている会社名・製品名・書名などは、それぞれ各社の商標および登録商標です。

※本書に記載されているURLなどは予告なく変更される場合があります。

※本書の内容は、著者のブログ「みきまるの優待バリュー株日誌」執筆時、および2019年（令和元）6月の本書執筆時点の状況に基づいています。

■著者紹介

みきまるファンド（みきまる・ふぁんど）

優待株の中から割安で総合戦闘力が高い銘柄を選別して2～3年の中期の時間軸で戦う「優待バリュー株投資」を実践し、数億円の資産を築いた兼業投資家。優待株投資のパイオニア＆第一人者であり、ブログ「みきまるの優待バリュー株日誌」は、優待族のバイブルとして支持を得ている。著書に『爆笑コミックエッセイ 株主優待だけで優雅な生活』（2012年）、『まんがでわかる 株主優待だけでもっと優雅な生活』（2013年）（以上、共著、宝島社）など。「日経マネー」にて『みきまるさんの優待バリュー株投資入門』を執筆。

◇「みきまるの優待バリュー株日誌」 https://plaza.rakuten.co.jp/mikimaru71/

◇「みきまるファンド」 https://twitter.com/mikimarufund/

みきまるくん

まっすぐシンプルに、優待バリュー

投資に邁進する、永遠の3歳児

2019年9月4日　初版第1刷発行
2019年11月2日　　　第2刷発行

現代の錬金術師シリーズ ⑮④

みきまるの【書籍版】株式投資本オールタイムベスト
――独学で学びたい読者のための35冊

著　者　　みきまるファンド
発行者　　後藤康徳
発行所　　パンローリング株式会社
〒160-0023　東京都新宿区西新宿7-9-18　6階
TEL 03-5386-7391　FAX 03-5386-7393
http://www.panrolling.com/
E-mail　info@panrolling.com
装　丁　　パンローリング装丁室
組　版　　パンローリング制作室
印刷・製本　株式会社シナノ

ISBN978-4-7759-9168-8
落丁・乱丁本はお取り替えします。

【免責事項】
この本で紹介している方法や技術、指標が利益を生む、あるいは損失につながることはない、と仮定してはなりません。過去の結果は必ずしも将来の結果を示したものではありません。この本の実例は教育的な目的で用いられるものであり、売買の注文を勧めるものではありません。